Life is all going to
turn out the way
you want it to.

人生がすべて
思い通りに
なっていく

貫く力

POWER TO
PERSEVERE

勝 友美
Katsu Tomomi

KADOKAWA

はじめに

5年後の自分を想像してみてください。

そのときの自分がもし今とまったく変わっていなかったとしたら、あなたはどう思いますか?

今の自分に満足しているからそれでOK。そう思えるのであれば、この本を読む必要はありません。

でも、もしも今の自分に少なからず不満を抱いていたり、変わりたいと思いながらも変われないことに苦しんでいるのだとしたら、きっとあなたはこの質問にゾッとしたはずです。

5年後もまだ、今と同じく自分に不満を抱き続けているのか、と——。

私のYouTubeには、日々さまざまな質問が寄せられます。

その中でも特に多いのが、「なぜ大変なことがあっても逃げずにいられるのですか？」「どうしたらマインドのブレが減り、継続する力を身につけられるのですか？」といった、挫けてしまうことへの質問です。

これは、それだけ多くの人たちが「貫けない」ことに苦しんでいるということでもあります。

昨年、私は日本人テーラーとして初めてパリコレクションへの出展を果たしました。しかし、パリの大舞台で私を待っていたのは信じられないようなトラブルの連続でした。まさかの出来事が相次ぎ、何度も厳しい選択を迫られることになったのです。

それでも最後の最後まで妥協せず、自分を貫き通してショーをやり切りました。これまで多くの困難に直面しながらも、納得できる道を探し貫き通してきましたが、このような状況に追い込まれたのは初めてでした。

貫くことは決して簡単なことではありません。それでも、見たい景色があるならば、山を登るしかないのです。

登っている最中は苦しいですし、引き返して山をおりたくなることもあります。しかし、やると決めた以上は「最後まで登り切る」という強い決意のもと、自分を鼓舞し、頂上まで一歩一歩足を動かしていくしかないのです。

今この瞬間にだけ意識を合わせてしまうと、とてもしんどいと思います。諦めてしまうほうが短期的には楽だと思えるでしょう。けれど、もっと引いた視点で見たら、途中で山をおりることのほうが自分にとってマイナスだということに気づくはずです。


自分が望む未来を手放したとしても、それを掴みたいと思うよりも前の自分に戻るだけ。それがわかっていれば、逃げるという選択肢はなくなります。


昨今は、「逃げてもいい」という風潮が世の中に広がってきているように感じます。

もちろん、逃げることも時には必要です。

しかし、忘れてはならないのは、言葉には前提があるということです。「逃げてもいい」という言葉は、涙が出るほど頑張っている人に向けられた言葉であり、何も努力をせずにただ毎日をダラダラと過ごしている人に向けられた言葉ではありません。

厳しいことをいうようですが、耳障りのいい言葉に縋《すが》ってすぐに逃げ出すことを正当化しているうちは、なりたい自分も望む未来も手に入らないでしょう。

これまでの人生を振り返ってみてください。

あなたが逃げ出したいと思ったとき、どこにも逃げ道がなかったことが一度でもあったでしょうか？　逃げ道がまったくなかったことなんて、ただの一度もなかったのではないでしょうか？

現代の日本において、どこにも逃げ道がない状況など、よほどじゃない限り起こりません。特に、自分の夢を追う、成功を目指すという、あなたが自発的に行うチャレンジにおいては。

要するに、あなたはいつでも逃げられるし、やめられる。貫かなくても構わない。そんな条件の中でしか生きていないのです。

だからこそ、なかなか貫けないともいえます。

逃げようと思えばいつでも逃げられる。

それがわかった今、それでもまだ、逃げるほうが幸せになれると思えますか？　貫こうと思ってはじめたことを、中途半端に諦めてしまう自分のほうが好きだといえますか？

たとえば、自分の中に「逃げてもいい」という気持ちが70％あったとしても、残りの30％で「そんな自分をどうにかしたい」と思っていたなら、あなたはその30％に引きずられる形で苦しむことになります。それを終わりにするには、どこかでそんな自分に区切りをつけ、やると決めたことを貫くしかありません。

あなたもそのことに薄々気づいているからこそ、この本を手にしたのではないでしょうか？　もちろん、頑張っても無理だったということもあるでしょう。けれど、何より大事なのは、自分がどう向き合ったかということです。それがやがてあなたの自信となり、次へと向かわせる力になります。

起業を決意し最初のお店を出したとき、私はまだ28歳でした。たったひとりで多額の借金を背負い、返済のあてもなく頼れる人などひとりもいない。冷静に考えたらリスクしかない状況です。それでも私はお店を出すことを選びました。自ら退路を断ち、その覚悟をしたのです。それぐらいの決意で挑まなければ、夢を叶えられないと知っていたからです。

あなたには、あなたに対する責任があります。

誰かに対する責任を果たさなかったときはわかりやすく罪悪感を抱いたり、相手に対して謝ったりするのに、自分に対する責任を果たさなくてもなぜか簡単に許せてしまう。残念なことに、そうしたことを繰り返しているうちに、あなたは少しずつ自分が嫌になっていきます。

私たちはついつい自分のことをないがしろにしてしまいがちですが、本当は他の誰よりも、まず自分の声を聞いてあげなければなりません。そして、その望みを叶えるために行動しなければ、何もはじまらないのです。
一生の付き合いである自分とどう関わり、どう向き合うか。あなたの姿勢次第で人生は大きく変わります。

本書では、私がどのように今の「貫く力」を身につけていったのか、その体験談と併せて、「自分を認めてあげたい」「諦めずに夢を叶えたい」「満足いく人生を歩みたい」という人たちに向け、さまざまなアドバイスやワークを通じてお伝えしていきます。

5年後、思い通りの人生を手に入れ、心から笑っていられるあなたと出会えるように。ここから一緒にはじめていきましょう。

勝　友美

デザイン　菊池 祐（ライラック）
DTP　三光デジプロ
校正　文字工房燦光
編集協力　御堂うた
編集　根岸亜紀子（KADOKAWA）

目次

序章　あなたは自分をどれぐらい知っていますか？

第1章 自分を知るためのインタビュー

第2章 行動できるバカになれ

第3章 自己効力感を養うことで自己肯定感を上げる

第4章

みんなで見る夢は叶うスピードが速くなる

第5章 原動力は幸せではなく恐怖

第6章 最後に出会うのは自分

序章

あなたは
自分をどれぐらい
知っていますか？

衝動買いの「好き」をやめる

インターネットが発達したおかげで、私たちの世界は大きく広がりました。しかし、皮肉なことに、それが歪んだ価値観を生み出してしまっているようにも見えます。

一昔前であれば、比較対象は半径数十メートルの人たちだけでした。けれど今では世界中の人たちがその対象になっています。SNSを見れば、若くして成功した起業家やブランド物に身を包んだインフルエンサーであふれ、キラキラした世界を目の当たりにして、羨んだり妬んだり、自分と相手を比べて落ち込んだり。そして何かしなければと焦った挙句、起業ブームに乗っていきなり独立して失敗してしまう……。

私は、そういう人たちを見かけるたび、それが本当の望みなのだろうかといつも思っていました。情報に踊らされ、それが欲しい、そうなりたい、そうなることが正解だと錯覚しているだけではないのだろうか、と――。

貫くことができないのは、それが自分の本当の望みではないからです。本当の望みでなければ、頑張れないのも当然です。

では、なぜそんな間違いが起きてしまうのでしょうか？
それは、あなた自身があなたのことを実はよくわかっていないからです。

何が好きで、どんなふうに生きたいのか。どんなことをしているときに幸せを感じ、逆にどんなことが嫌なのか。

それをわかっていないから、「今、お腹が空いたからあれが食べたい」という感覚で、「あれもやりたい」「これもいいな」と衝動的に手を出して失敗してしまうのです。そして、途中で諦めたという苦い事実だけが残り、それが結果的に自己肯定感を下げることにつながり、自信を失うという負のループにはまってしまう……。

起業すること。有名になること。フォロワーの数を増やすこと。

わかりやすい成功例にばかり囚われて、自分の本当の望みをわかっていないうちは残念ながら何をやってもうまくいかないでしょう。

私が『Ｒｅ．ｍｕｓｅ』を立ち上げてからここまで10年間やってこられたのも、パリコレの舞台でさまざまなトラブルに遭いながらも自分を貫き通せたのも、もとを辿れば自分が何が嫌で何を望んでいるのかをよくわかっていたからです。

貫く力を発揮するには、まず自分を知るところからはじめる必要があります。

自己認識の違いが失敗体験を生み出す

みなさんは、自分のことを正しく理解していると自信を持って言えますか？

自分はどんな人間で、強みと言えるものはなんなのか。あらためて考えてみると、意外と理解できていないかも、と思った人もいるのではないでしょうか。

しかし、それを知らないと自分の個性とマッチしないことに手をつけたり、いきなり高すぎる目標を設定して、達成できずに失敗体験ばかりが増えていきます。

たとえば、世の中では会話がうまく、明るい人がもてはやされる傾向にあります。よく、「陽キャ」「陰キャ」などと言いますが、誰もが陽キャになろうとする必要はないのです。

7割話すほうがうまく会話を回せるタイプもいれば、3割話すほうがうまくいくタイプもいます。必ずしも聞き上手が人気者になれないわけではありません。人の話をよく聞き、場をうまく回す能力に長けていれば、MCになって活躍することだってできます。

しかし、自分を正しく理解していなければ、そのような可能性にも気づかず、せっかくのチャンスを逃してしまうことにもなりかねません。

そのためにも、まずは自分を正しく理解することが大切なのです。

このときに知っておいていただきたいことは、「好き＝得意」ではないし、「嫌い＝苦手」ではないという事実です。


私は今でこそ人前で講演をしたり、こうして本を書いたりしていますが、もともとは人前で話すことも長文を書くことも苦手でした。でもどうやら自分はそれらを嫌いではないとわかってからは、積極的にやるようにしています。


このように、自分では苦手だと思っていたけれど実は嫌いではない、ということもあるのです。そして、コツコツとその種を育て続けていけば、それが大きな花を咲かせることだってあります。

逆に、好きだけれど得意じゃないということもあります。ＳＮＳでキラキラしている人を見て、「こうなりたい」と憧れても、その人と自分は別の人間です。同じものが好きでも、同じようにうまくいくとは限りません。

自分が何者であるかと何者になりたいかは別です。そこをわかっていないと、適性のないことに手を出して火傷することになります。

また、自分を正しく理解するためには、あなたのことをたいして知りもしない人の意見を気にしすぎないようにすることも大切です。

みんながいいと言っているから。これが流行《はや》っているから。周りに止められたから。こんな感じで人の意見を気にしすぎてはいませんか？

私は自分の家族や親しい人、お客さまや社員、お互いを大切に思い合える人のことは気にしますが、それ以外の他人の意見は気にしないように努めています。そこを気にしてしまうと自分が何者なのかがわからなくなってしまい、果ては自分というものが消えてしまうからです。

不特定多数の周りの目、世間の多数決、アベレージのようなものはまったく気にする必要はありません。

そういった雑音を排除し、自分の心に敏感になって、好きなことや苦手なこと、得意なことを自分に聞いてみましょう。

面倒かもしれませんが、自分を知っている気にならず、一度とことん自分と向き合ってみてください。


どうなったら幸せか。どうなったら嫌なのか。

自分を知れば、不要なものを手放すことができるようになります。

自分のトリセツをつくる

私はかつて、アパレルショップで働いていました。

入社初日にトップセールスを記録し、これだけ売れるのであれば、独立して自分で仕入れて販売するほうが間違いなく稼げるであろうことがわかっていました。

ちょうどそのころ、世の中は空前の読者モデルブーム。「読モ」と呼ばれる人たちが次々にセレクトショップを開き、連日雑誌やテレビで取り上げられ、話題を集めていました。ファッションが大好きだった私も楽しそうだなと思って見ていましたし、自分もやれば、それなりに売れるだろうという自信もありました。けれど、そこに同調しようとはまったく思いませんでした。なぜなら、短期的な成功には興味がなかったからです。

こういったブームは一過性のもので、流行りに乗ってはじめても長くは続きません。定着することはなく、いずれは他のブームと入れ替わる形で消えてなくなる運命にあります。

私は当時から、結果が見えていることや短命なビジネスに自分の人生を費やすのはもったいないと考えていました。また、自分がお金のためだけに働くことができないタイプであるということや、自分の思想のために働きたい人間だということも感じていました。さらにいえば、飽き性なので、そこになんらかの学びや人の役に立っている実感がないと続けていけないということも。

言わば、自分の「トリセツ」がすでにわかっていたのです。

そんな自分の「トリセツ」に照らし合わせ、果たして自分が飽きずに夢中になって続けていけるものはなんなのかを考えました。

当時、レディースのオーダースーツをやっているところは他になく、女性のフィッターもいない時代でした。その業界をよく知る人からは、そんな勝機のないことはやめろと止められました。しかし、他と同じことをやっても競合する多くの会社のひとつになるだけです。そんな事業をやっても面白くはありません。飽き性な自分の場合、2、3年で結果が出てしまうことでは、きっと退屈してやめてしまう。

それならば、自分がこの世を去った後のことまで考えて挑戦すればいい。会社成功の指標のひとつは、創業者がこの世を去った後もなお必要とされ、愛され続けていることではないだろうか——そう考え、「100年先まで愛されるブランドをつくる」という目標を掲げ、『Re・muse』を立ち上げたのです。

大切なのは、誰かの真似をすることや、世間の価値観に流されることではなく、自分が本当に望むものを知ること。

そのために、自分の「トリセツ」をつくってください。

思い通りの人生を生きていくためには、最善は10代のうちに、できれば20代の間には自分のトリセツをつくり終えてほしいと思います。もし今この本を手にされているあなたが20代を過ぎていたとしても、今日の自分が一番若いのですから、決して遅くはありません。ぜひ今からでも取り組んでみてください。

まずは自分のベースとなる部分を捉えることが先決です。そしてその後、一度できたトリセツに違和感が出てきたら、放置をせずに、そのときどきの自分に合うものへとブラッシュアップをしていきましょう。違和感はあなたに大切なことを教えてくれる重要なサインです。

その夢を叶えるために何を犠牲にできるか

自分のトリセツをつくれたら、そこでやっと自分の夢と向き合える段階に入ります。そのときに確認しておかなければならないことがあります。それは、あなたがその夢をどれだけ重要だと思っているのか、です。

人は、自分が本当に重要だと思っていることでなければそこまでエネルギーを注げません。貫くことができずに途中で諦めてしまうのは、自分にとってその夢がそこまで重要なものではないからです。

そこで、夢を見つけたら自分にひとつ質問をしてみてください。

それを叶えるために、どんな犠牲を払えるのか？　と――。

人生はそもそも生きるだけでも大変です。

さらに、自分が好きなことで生きていこうと思ったらもっと大変です。もっと忍耐力が必要になります。そのためにさまざまな犠牲を払わないといけないからです。

友達と遊ぶ時間。恋愛をする時間。ゆっくり食事をする時間。自分を癒す時間……他の人たちが当たり前に享受しているそれらの時間を犠牲にして、あなたは好きなことをやるために頑張れますか？

楽しいときはできるでしょう。けれど、楽しくなくなったときにそれでもやれるのかを自分に聞いてみてほしいのです。

夢を叶えるまでの道のりは楽しいことばかりではありません。つらいとき、苦しいとき、それでもその夢を叶えるために頑張り続けることができるのか――。

この質問で、あなたがどれだけその夢を重要だと思っているかがわかります。

また、夢にコミットできている人は、その時間を犠牲に思うのではなく感謝をして過ごすことができます。私は、友人との他愛のない会話を楽しむ時間がなくなっても、夢のために時間を使えることをありがたいと感じていました。

夢と引き換えにつらい我慢を自分に強いるという意識だと長続きはしません。犠牲ではなく、その時間を感謝と捉えられて初めて、夢を追うことと幸福がつながるのです。

自己効力感と自己肯定感

運よくあなたが心からやりたいことを見つけられたとします。

ですが、そのときに「自分ならできる」と自分を信じることができていなかったら、貫くことはできません。

夢を叶えるために歩み出している今、私が思うのは、夢を見つけることよりも、夢が叶うまで自分を信じ続けることのほうがよほど難しいということです。

そもそも夢なんて、無謀なことへのチャレンジです。簡単にできることだったら夢でもなんでもありません。１００ｍを30秒以内で走ることは誰でもできますが、10秒を切りたいというから夢になるのです。

その無謀なチャレンジを成功させるには、いかに自分を信じ続けられるかが重要なカギとなります。

成功する人は自己肯定感が高い――そんな話を聞いたことがある人も多いでしょう。自己肯定感とは、無条件に自分を価値ある存在だと思える感情のことです。「高い能力を持っているから」「見た目が美しいから」といった根拠からではなく、ありのままの自分の価値を認めている心理状態を指します。

高い自己肯定感を持てたら、確かにどんなことにも果敢にチャレンジできます。失敗してもすぐに立ち直れるでしょう。でも、いきなり「さあ、今日からどんな自分も全肯定して愛してください!」と言われても、大抵の人は「無理です」と即答するのではないでしょうか。

当然です。自分のダメなところもたくさん知っているわけですから、それを無視して「大好き!」「最高!」なんて、すぐに思うことはできませんよね。

しかし、成功体験を積んでいくことができれば、それが自信となり、やがては自分を好きになれるはずです。

実は、それを実現するための有効な手段があります。

それが、自己効力感を養うことです。

自己効力感とは、スタンフォード大学教授で心理学者のアルバート・バンデューラ博士によって提唱された概念で、「自分ならできる」という認知状態のこと。

この「自分ならできる」というマインドがあれば、これまでにやったことがない課題にも積極的にチャレンジすることができ、困難な状況でも諦めずに乗り越えていけるようになります。

自己効力感が自己肯定感と決定的に違うのは、この「自分ならできる」というマインドを、自分が立てた目標をクリアすることで育てられるという点です。これはほとんどの人にとって、無条件に自分を認めるよりはよほど簡単なことだと思います。

自己効力感によって成功体験を重ねていけば、自己肯定感は自然に上がっていきます。そうすれば、貫く力も大きくなり、夢を叶えるスピードも加速していくでしょう。

次の章からは、ここまでにご紹介した内容を私の過去のエピソードと絡めながら、さらに詳しく解説していきます。

第 1 章

自分を知るための インタビュー

霧が晴れれば迷いは消える

あなたの目の前に、１本の道があります。
辺りは霧で覆われていて、他に道らしきものは見当たりません。そのとき、あなたならどうしますか？

きっと、ほとんどの人がなんとなくその道を歩きはじめるのではないでしょうか。
しかし、歩きはじめたあなたはやがて不安になります。

このまま歩いていって本当に大丈夫なのだろうか？
引き返したほうがいいのではないだろうか？

そう思うのも無理はありません。その道がどこに続いているのか、目的地さえはっきりしないまま歩き続けるのは、どれだけ根気強い人であっても困難だからです。

ここまで自分なりに頑張ってきたのに、望む場所に辿りつけない。そんな自分が嫌だ。あなたがそんなふうに自己嫌悪にさいなまれているとしたら、どうか自分を責めないでください。あなたが何度も立ち止まったり、途中で引き返したりしていたのは、霧のせいで周りがよく見えていなかったからです。

霧が晴れれば、あなたが本当に歩むべき道が見えてきます。

ではどうしたら霧を晴らすことができるのでしょうか?

そのために必要なのは、自分を知ることです。

自分が何者かを知れば、本当の望みを知ることができます。あなたがこれまで目の前に現れた道をなんとなく歩いてしまっていたのは、自分のことをよく知らなかったせいです。自分を知らなくても人生という時間は進みます。
必死で歩き続けても納得感が得られず、何かが足りないことはわかっているのに、その正体がわからない。そのうち探し続けることにも疲れ、現在地さえ見失ってしまう……。居心地が良くない霧の中でも、長く居続けると慣れてしまうものです。

私が霧から抜け出し、今こうして決めたことを貫けているのも、28歳のときに自分が何者なのかを知り、自分の人生を生きるための一歩を踏み出したからです。そうでなければ、私も未だに霧の中を彷徨《さまよ》う迷子だったでしょう。

この章では、私がどうやって自分という人間を知っていったのか、その実体験をもとに霧を晴らす方法をお伝えしたいと思います。
霧を晴らすことができれば、たとえ目の前に千の道があっても、そこからたったひとつの道を迷うことなく選び、堂々と歩んでいくことができるようになります。

本当に大切なことは幼少期の自分が知っている

みなさんは幼いころ、どんな子どもでしたか?

どんなことに夢中になって、どんなことを楽しいと思っていましたか?

幼いころの私は、腎臓の病気で入退院を繰り返していました。食事には制限があり、運動も追いかけっこ程度の遊びの延長でしか許されず、幼稚園に通うことさえままならない日々。プールは見学。イベントは不参加。共通の話題についていけず、疎外感を覚えることも一度や二度ではありませんでした。

普通に生きていたら抱かないような感情に直面する機会も多く、そんな自分にどこかバランスの悪さを感じていたようにも思います。

しかし、人と同じでないことに対し、不思議と悩んだり卑屈になったりはしていませんでした。
みんなと一緒に行動できなかった分、私には自分と向き合う時間だけはたっぷりありました。そのおかげで、自分や自分に起こる出来事を俯瞰して眺めたり、辛いことがあったりしても客観的な視点で見る癖がつき、現実を受け入れられるようになったのかもしれません。
そして選択肢が限られていたからこそ、自分が本当に好きで、大切にしたいものを早い段階で意識できていたようにも思います。

私は幼いころからファッションが大好きでした。

当時の私がハマっていたのは、リカちゃん人形の着せ替え。といっても、わが家はお世辞にも裕福とは言えない家庭でしたから、たくさんの洋服を買ってもらうことはできません。そこで私はチラシの裏に自分でデザインしたドレスを何着も描いては切り抜いて、リカちゃんに当てて遊んでいました。それはとても楽しくて、気づくとチラシの束が積み重なり、私はドレスを描き続けること自体に夢中になっていました。

それに加えて好きだったのが、着せ替えごっこを友だちと一緒にすること。このころ自分の中にあった「人が好き」という感覚が、後に接客という仕事につながっていったのだと思います。

そして、おしゃれへの探求心は成長するに伴いさらに強くなります。

小学校に上がると、着ていく服や髪型にも自分なりのこだわりを持つようになりました。癖毛に悩まされていたこともあり、髪型がうまく決まらない日はそれだけで学校に行きたくないと思うほど。髪型ぐらいで、と思うかもしれませんが、成長するにつれ、額にちょこんとできたニキビひとつでさえ、とてつもなく恥ずかしく思えたり、ファンデーションのノリが悪い日は1日中気分が落ち込んだり、多くの女性が成長過程でそんな悩みを持った経験があるかと思います。

私にとって、髪型が決まらないことはそれと等しく憂鬱《ゆううつ》なことであり、1日の気分を左右するほど重要なものだったのです。

そこには、単に私がおしゃれが好きでませていたからというだけではない、もっと複雑な事情がありました。

私の母は、40歳を過ぎてから私を生みました。遅くに生まれた子どもだったため、私の母はほとんどの同級生のお母さんより年上でした。癖の強い私の髪を三つ編みにしてくれたり、一生懸命服を選んでくれたりと、母なりに精一杯私のためにいろいろしてくれたのですが、残念なことに、どうしても今っぽい感じにはなりませんでした。

母との間に40歳以上の年の差があるから「価値観が合わない」「母が時代についていけない」というわけではありません。近年では40歳を過ぎてから出産する方も増えています。私も、もし母親になることがあれば、そのときはきっと40代です。すべての親子関係において年の差が障壁になると思ってはいません。何より、私は母のことを心から尊敬しています。それでも、戦後間もないころに生まれた母とおしゃれが大好きな私との間に埋めようがないジェネレーションギャップがあったことは事実です。

おしゃれに人一倍こだわりがある私にとって、それは我慢でやり過ごせることではなく、どう着こなしたら少しでもおしゃれに見えるのか。どうドライヤーをかけたら髪の毛がまとまるのか。幼いなりに自分で自分に自信をつけるために研究し、工夫をするようになったのです。

インタビューが過去の記憶を引き出す

私が子どものころのエピソードを思い出すようになったのは、最近のことです。もちろん、昔から自分がファッションに強い興味や関心を抱いていたことは自覚していました。ですが、細かいエピソードについては忘れていました。それでも、いろいろなエピソードや子どものころに感じていたことは、一度思い出すとまるで昨日のことのように話すことができます。

なぜ、そんなことができるのか。それはきっと仕事柄、インタビューを受ける機会が頻繁にあるからです。

「どんな幼少期を過ごしてきたんですか？」
「いつからファッションに興味を持たれたんですか？」

インタビューでは、よく幼少期のことを聞かれます。そのたびに自分の記憶を深掘りしていくと、「そういえば、病気でいろいろと制限されていたな」「髪型が決まらなかった日は1日テンションが低かったっけ」と、さまざまな出来事が蘇ってくるのです。

幼い自分が眺めていた景色、抱いていた感情、真っ直ぐで曇りのない想い……インタビューを受けることによって、私は自身でも忘れていた自分の原点を思い出すことができました。

三つ子の魂百まで。

幼いころの性格や特性は年を取っても変わらないという有名なことわざです。振り返ってみると、この言葉の通り、確かに幼いころの行動には、すでに自分らしさや自分の特性が表れていたことがわかります。

そのころ好きだったもの。興味を持っていたもの。時間を忘れて夢中になっていたもの。そこには、あなたの本質を知るためのヒントがきっと隠されています。

ワーク①
幼いころの自分にインタビューする

心の中にいる幼いころの自分を呼び出して、何が好きだったのか、どんなことに喜びを感じていたのかを尋ねてみてください。

イメージとしては、6歳以下。たとえば、本気で空を飛べると信じ、魔法使いにだってなれると思っていたころのあなたです。

幼いころは、なんでもできるし、何にでもなれると信じていたと思います。しかし人は成長するにつれ、現実的なことを考えるようになり、純粋な「好き」、「楽しい」から離れ、疑う心が芽生えてきます。

社会の状況、置かれた立場、経済的な事情……、さまざまな条件や制限を考慮したうえで出てくるものは、あなたが本当に求めているものではないかもしれません。

ですから、そうなる前の自分にインタビューしてほしいのです。

できれば、ひとつの事柄に対して5つぐらい掘り下げてみてください。

私は普段、お客さまとお話しする際、「どんなお仕事をしていますか？」というような、表面的な質問のみで終わりにすることはありません。

「なぜその仕事を選んだのですか？」「なぜその目標を達成したいのですか？」「その目標を達成したらどんな気分になりますか？」と、その方の本質に迫る質問をします。

もし、クルマが欲しいというお客さまがいたら、「なぜそのクルマが欲しいのか？」「誰と乗りたいのか？」「どこに行ってみたいのか？」と掘り下げて尋ねていくことで、ご本人も気づいていなかった、本当の望みや目的を引き出すことができます。

お客さまからは、「ここまで深く自分を知ろうとしてくれたのは勝さんだけ」「親友にだってなかなかここまで話さないよ」というお言葉をよくいただきます。

みなさんもぜひ自分の一番の理解者になるつもりで掘り下げた質問をしてみてください。

なぜそれが好きだったのか。

どんなところが楽しかったのか。

今の仕事や目標にどう結びついているのか。

もしかしたら、そのころに好きだったこと、楽しかったことが今にまったく結びついていないかもしれません。ですが、ここで重要なのは今がどうであるかではなく、純粋に自分が喜びを感じる部分＝好きを知ることです。

Q：幼いころあなたが好きだったことや喜びを感じたこと、夢中になったことはなんですか？

Q：それが好きだった理由はなんですか？（5つ挙げてください）

・

・

・

・

・

このワークが、あなたが自分を知ることのきっかけになれば幸いです。

出会いたくない自分を知る

前著『人は自分に嘘をつく』でもお伝えしましたが、中学時代の私は病気を抱えながらも陸上部に所属していました。

理由は単純。仲のいい友人たちがみんな陸上部に入ることになったからです。しかし、私は運動ができないため、マネージャーとしてみんなをサポートする側に回っていました。

入部した陸上部は、全国大会に出る選手もいるような強豪校。毎日の朝練は当たり前。放課後も遅くまで練習し、土日も休みなしというハードな日々。マネージャーである私も毎日朝早くから放課後遅い時間まで、さまざまな雑務に追われていました。

やがてみんなの練習をそばで見守っていた私は、「もっとこうしたらうまくいくのに」と思うようになっていきました。

たとえば、毎回練習の初めに行うウォーミングアップ。部員全員でグラウンドを2、3周するのですが、先頭を走る人がペースを知ることで速度調整が行えるという理由から、常に一番前にいるキャプテンがストップウォッチを持って走っていました。

しかし、それでは現状を把握できるのはキャプテンひとりです。全員が現状を把握できるほうが走りに安定感が生まれ、より集団行動がしやすくなります。それなら、いっそ自分がその役割をやったらいいのではないだろうか。スタート地点に必ずスタンバイできる私がストップウォッチを持って秒数を読み上げるようにすれば、全員にペースを把握してもらうことができます。そのうえで、キャプテンがペース配分を考えるほうがスムーズにウォーミングアップを行えるようになると考えたのです。

そのアイディアをすぐ実行に移したところ、以前よりずっと効果的に練習ができるようになりました。

物事を常に客観視することが習慣になっていたお陰で、一歩引いた目で全体を眺め、誰もが疑いなく続けていたことに疑問を投げかけ、少しずつ改善を図っていくようになっていたのです。

物事の見方として「鳥の目」「虫の目」という言葉がありますが、まさにマネージャーとして、「鳥の目」で全体を捉える視点を持つことで解決策を見出すことができました。

顧問の先生は非常に厳しい人でした。残念ながら、部員たちからはあまり好かれていませんでしたし、正直、私も苦手でした。しかし、人の嫌なところばかりに目が向いてしまうのは自分勝手な都合かもしれないと自分を諭し、できるだけ中立な立場を取るよう心掛けていました。そうして、みんなが練習だけに集中できる環境づくりをコツコツと続けていった結果、選手でもないマネージャーの私がキャプテンに抜擢されることになったのです。

マネージャーがキャプテンになるという前代未聞の事態。部内には「走れもしない奴がなんでキャプテンに⁉」「タイムを0・1秒縮めるのに、どれだけ努力しているのかわかってんの⁉」といった雰囲気が蔓延し、歓迎する部員はひとりもいませんでした。それどころか、それまで仲良くしていた友人たちからも無視され、私は孤立してしまいました。

そのときの私の心にあったのは、ただただ早くやめたいという気持ちだけでした。

みんなには目標があり、切りたいタイムがあり、入りたい順位があり、共感し合えるチームメンバーがいる。それが厳しい練習を乗りきる糧になるけれど、私には何もありません。得られる達成感がない中で毎日続く長い練習……。

そもそも私が陸上部に入ったのは、友人たちから取り残されたくないという動機だけでした。その友人たちからも無視されてしまった今、私にはもう陸上部に居続ける理由はありません。

しかし、今ここでやめてしまったら、これまでの頑張りがすべて無駄になってしまいます。それこそなんの達成感も得られずに終わってしまうのです。理由がなんであれ、入部を決めたのは自分です。本来であれば選考にも入らないはずの自分がキャプテンに選ばれる——複雑な気持ちとは裏腹に、そのとき初めて報われた気がしたのも事実でした。

やめてしまいたい。正直何度もそう思いました。しかし、逃げることは一見楽に見えますが、それでは何も解決しません。それどころか、逃げることによって人は傷つき、その傷を癒すために、もっと大きなリカバーをしなければならなくなります。

時が経てば、そのときの感情は忘れるでしょう。しかし、途中で逃げ出したという苦い事実は残り続けます。そのことを時折思い出し、悔いながら生きていくのは嫌でした。そんな自分には出会いたくない。心の底からそう思ったのです。

出会いたくない自分と何度も出会っていると、諦め癖がついてしまいます。どうせ何をやってもうまくいかない。そんなふうに自分を信じられなくなっていくのです。

ここを超えてしまったらもうダメじゃないかという一線を越えたときに、人は自分のことを諦めはじめます。人につけられた傷以上に、自分でつけた傷は深く心に残ります。その結果、どうせ何をやっても幸せになれないと卑屈になり、負の連鎖が繰り返されてしまうのです。

世界で一番愛してあげないといけないはずの自分を、信じてあげられなくなるのは、傷ついてきたからです。

誰でもしんどいときに決断すれば、やめたくなるのは当然です。けれど、そんなときほど鳥の目を意識し、抽象度を上げることで見え方は変わります。今はつらくても、最後までやり抜くことができれば、絶対に陸上部に所属した3年間の自分を褒めてあげられる、信頼できるようになる——。自分にそう言い聞かせて、私は卒業まで頑張り抜きました。

この10代のときの経験は、私にとって大きな礎となりました。物事を中途半端に投げ出さない精神を育み、その後の人生において、あらゆる場面で私を助けてくれるものになりました。

同時に、この経験から私はもうひとつ大きなことを学びました。それは、単に物事をやり遂げただけでは、人は真の幸せに辿りつくことはできないということです。

最後までやり抜くことで、自信がつき、自分への信頼が高まることは確かです。しかし、キャプテンをやり抜いた後に私が感じたものは、「幸せ」ではなく「解放感」でした。このときなぜ「解放感」を強く感じたのか。それは、陸上部での3年間は私にとって、自分が望んだものではなく、自分にとっての幸せでもなく、ましてや自分が決めたゴールに向けて走ったわけでもなかったからです。

本当に自分が望んだものであれば、達成することで自分自身が幸せになれるのはもちろんのこと、周りにいる人たちをも幸せにできます。そして、それこそが本当の意味での成功なのだと思います。

しかし、私がキャプテンになったとき、喜んでくれた人は誰もいませんでした。どれだけみんなを表彰台に送っても「ありがとう」と言われることはありませんでした。

このときの私は、達成者ではありましたが、成功者ではなかったのです。

自分が決めたことだから、どんなにつらくても最後までやり抜こう。そう思い、歯を食いしばって、必死に貫いて、確かに達成者にはなれました。けれど、成功者になれなかったのは、自分が本当にやりたいことは何か、自分にとっての目標は何なのか、といった自己理解ができていなかったからです。

まだ中学生だから仕方ないと言ってくださる方もいると思いますが、果たして本当にそうでしょうか？

大人になってからも、学生時代の記憶に引っ張られて今をうまく生きられずにいる人は大勢います。人生は数十年ではなく、今日という日の積み重ねです。そう考えると、中学生も大人も関係ないように私は思います。

自分が本当に望むものを知ることがいかに大切か。少し共有できたのではないでしょうか。

自分自身が心から望み、求めた目標を達成したときに、初めて人は幸福を感じることができるのです。

ワーク② 今の自分が嫌なこと、不快だと思うことを書き出す

先ほどは、幼いころの自分に、好きだったことや夢中になっていたことを聞いてもらいました。今度は、今のあなたに、嫌だと思うこと、不快に思うことを聞いてみて

ください。

自分が嫌なこと、したくないことを知るのは、好きなことを知るのと同様、とても重要です。なぜ嫌だったのか。その理由を知ることで、自分にとっての譲れないもの、大切なものが見えてきます。

たとえば、どうしても許せないことがあって怒ったとき、実は腹が立ったというよりも悲しみを感じていたということがあります。ではなぜ悲しかったのかと言えば、それが自分にとってとても大切だったからです。つまり、「嫌だ」「悲しかった」「つらかった」という感情が動くところに、見過ごせない価値観が潜んでいるのです。それらを知ることが、自分の「トリセツ」をつくる第一歩になります。

ちなみに、私は、毎朝決まった時間に起きることが苦手です。

社会人1年目のアパレル時代には、ギリギリに出社したり、時には遅刻をして上司に怒られることもありました。しかし、仕事や接客は大好きだったため、残業や休憩時間が短くなることは苦ではありませんでした。そんな私は、誰かに雇われるよりも、自己責任で仕事ができる起業をしたほうが向いているのではないかと考えるようになりました。

さらにいえば、人に迎合すること、心にもないお世辞をいうことも得意ではありませんし、料理や洗濯など家事全般もできれば避けたい、やりたくないというのが本音です（笑）。

このように、どうかカッコつけずに正直に書いてみてください。見るのはあなただけですから、どれだけカッコ悪い内容でも大丈夫です。逆に、そこでカッコつけてしまうと、本当の自分から遠ざかってしまいます。

箇条書きにしても、私のたとえ話のようにストーリーにして書いていただいてもいいので、最低でも10個。できれば30個ぐらい書き出してみましょう。30個もあれば、自分の傾向をいくつかに分類することができます。家庭的、内向的、社交的、なまけもの、正義感が強いなど、そこから見えてくるあなたの特性があるはずです。

そして、自分にとって嫌なことがわかったら、なぜそれが嫌なのか、嫌になってしまった理由やきっかけとなる出来事まで掘り下げてみてください。それにより、心の内側がより具体的に見えてきます。

嫌だと思うようになった感情までの経緯を知ることで、嫌なことも客観的に取り扱うことができはじめるようになります。

嫌になった出来事には自分を知るための大きなヒントが隠されています。

すべてを整理し取り扱うことは難しいかもしれませんが、その傾向を知ることで楽になることもあります。出会いたくない自分に出会わないためには、どうしたらいいのかも見えてくるでしょう。

やり終わった後は、それだけたくさんの嫌なことや苦手なことを我慢しながら懸命に生きている自分に労いの言葉をかけてあげてくださいね。そうすることで、このワークをポジティブなものにすることができます。

Q1：あなたが嫌だ、不快だと思うことは何ですか？

Q2：なぜそれを嫌だ、不快だと思うのですか？

第 2 章

行動できるバカになれ

人生は思った通りになるのではなく、行動した通りになります。

人生を変えたいと思ったら、考え方を変えることはもちろん、行動を変えることも重要です。たとえば、世界を変えるようなイノベーションは、得てして常識に囚われない考え方や行動力を持った人から生まれます。

また、先ほどから自分を知ることの大切さをお伝えしてきましたが、行動は自分を知るための手段でもあります。

何も行動せずに自分を知ることはできません。行動することで、思いもかけなかった自分の特性を知ることができます。もちろん、行動すれば失敗することもあるでしょう。しかし、成功の手前には必ず失敗があります。そのような段階を経て、初めて本当の自分を知るところまで到達できるのです。

この章では、そんな、行動することの大切さについてお伝えしていきたいと思います。

〝当たり前〟を取り払って考える

物事を貫き、結果を出すためには、時に当たり前だと思われている常識やこれまでのやり方を取り払って考え、行動することが必要です。

マネージャーでありながらキャプテンを経験したこともそうですが、私には他にも、そのような思考の転換と行動により結果に結びついた経験があります。それをここでご紹介させてください。

それは、私がアパレル企業で働いていた20代前半のことでした。

ファッションが大好き、人が大好きな私にとって、アパレルの仕事はまさに天職。入社初日にトップセールスを記録し、その後、大阪の百貨店内にある店舗に配属されてからも、ありがたいことに売上を好調に伸ばし続けることができました。といっても、当時の私はトップの売上を出すことを目標にしていたわけではありません。ただただ、お客さまと話すのが楽しくて、お客さまに喜んでいただけることがうれしくて、その思いに突き動かされていただけでした。

そして、その思いが強すぎるあまり、フロア内のまったく無関係なお店にまでお客さまと一緒に出向いては、トータルコーディネートを提案し、自社の売上ではなく、他ブランドの売上にまで貢献するといった、常識の枠からはみ出たことを平然とやっていました。

あるとき、私は会社から、勤務先とは別の百貨店で行うポップアップストアを担当するように命じられました。

ポップアップストアといっても、きちんとつくり込まれたものではなく、エスカレーター脇にある、3~4メートルほどの通路にテーブルとラックを置いた、売り場とも言い難いような簡素なものです。

そこで私に課せられたミッションは、2週間で200万円の売上を上げることでした。

そのお店のターゲット層は20～30代前半。価格帯もさほど高くはありません。カットソーで6000円、パンツで1万4000円、コートで4万8000円という価格帯で、平均客単価は1万4000円ほど。一番高価なコートは、既存店の在庫確保が優先となるため、そもそも催事場には2着しか用意されておらず、それを売ったところで10万円弱の売上にしかなりません。

その次に高い商品はパンツですが、限られた期間でパンツだけに販売を集中すると、裾上げが伴うため、接客に時間を取られてしまいます。私が裾上げをしている間に、別のスタッフが売上を立ててくれるのならまだしも、そこに派遣されたのは私ひとり。もともと私はパンツ販売が得意でしたが、いくら得意であっても、さすがに勝算がありません。

この状況で、どうやって200万円の売上を達成すればいいのだろう……？

たったひとりで目標を達成するには、できるだけ接客時間を短縮し回転率を上げるか、客単価を上げるしかありません。パンツの裾上げなんてやっている場合ではありませんし、2着しかないコートを売ってしまうわけにもいきません。

考えた末、私は独断でそこでの催事の一部をコートの受注会に変更しました。

用意された商品をサンプルとしてお客さまにお見せし、納品は入荷待ちに。2着しかないコートはお渡しせずに、受注のみ取り続けることにし、ひたすら会計だけを済ませていきました。

さらに商品の受け渡しを催事期間の後半に設定。お客さまと2度会える機会を設けることで、追加購入していただけるチャンスをつくりました。そのときに得意のパンツが販売できれば、客単価はコートと合わせて6万円を超えます。さらに、パンツとコートをご購入くださった方は、インナーとして着られるカットソーを購入される確率がぐんと上がるので、その分の売上もプラスされることになります。

その結果、私は目標の2倍である400万円の売上を達成。最後には店長や専務までもが応援に駆けつけるという異例の事態となりました。それもそのはず、当時私が勤務していた店舗の月の売上は、このときのポップアップストアと同じ、400万円だったのですから。

もしもこのとき、私が通常と同じやり方で愚直に1着ずつ販売し、その場でお渡ししていたら、倍の売上を達成することはおろか、当初の目標さえクリアすることは叶わなかったでしょう。

大前提として、上司の指示に従うのは大切なことですし、これまでに培われたスキルがあったからこそできたことです。決して指示をお座なりにしてもいいというわけではありません。しかし、常に上司からの指示が正しいとは限らないのも事実です。上司から出された指示は、あくまでその時点での最適解。それ以外のやり方を思いついたのであれば、時には思い切って試してみるのもありだと思います。そこに責任は伴いますが、責任が伴うからこそ、自分なりに考えてみる必要があるのです。

経営者の立場になった今でも、常に自分の意見が正しく、いつも正解を出せるとは思っていません。現場にいる社員がアイディアを出してくれるのはとてもありがたいことです。たとえそれがうまくいかなくても、当事者意識を持って考え行動してくれる人には大切な仕事を任せたくなります。

もしもあなたがピンチに陥り行き詰まり、窮地に立たされたときは、ガチガチに凝り固まった固定観念や当たり前だと思っている前提条件をいったんすべて外し、まっさらな状態にして考えてみてください。そうすることで、それまで誰も思いつかなかったまったく新しいアイディアや選択肢が生まれ、諦めていた状況から逆転することができるかもしれません。

完璧を求めるよりも、行動できるバカになれ

人生が変わらない人に共通していること。それは、スタートする前の時点で完璧を求めすぎているということです。

思い出してみてください。これまでの人生で、１００％何かが揃っていて完璧だと思えたことがどれぐらいあったでしょうか？　おそらく、ほぼなかったのではないでしょうか。何かをはじめる際に、完璧な状態を求めている人はいつまでたっても何もはじめることはできません。

完璧な状況や条件を求め出した途端、あれがない、これがない、とないものばかりに意識が向いてしまい、足りないものを数え出すようになります。そしてそれを手に

できない自分を責めたり、焦って判断を誤ったり、果てはそれがなければ成功できないと思い込んだり……そうしてどんどん動けなくなっていくのです。

私は28歳で起業していますが、当時はお金もない、人脈もない、人を雇う余裕も、面接をした経験もない、お客さまがいない以前に相談相手さえもいない、まさに何もない状態でした。経済面だけではなく、知識や経験値を見ても、すべてが完璧とはほど遠い状況でした。それでも、これしかないという覚悟で『Ｒｅ・ｍｕｓｅ』を創業しました。

もしこのときに、すべてが完璧に揃っていないと動けないと考えていたならば、おそらく私は未だに起業できていなかったでしょう。

多くの人がリスクを取りたくないと考え、何か新しいことにチャレンジするときも、そこに辿りつくための完璧な石橋を求めます。しかし、その橋を叩いている間にも時間はどんどんなくなっていきます。

どんなに完璧に準備を整えたとしても、時間だけはお金で買うことはできません。時間とは、言い換えれば命です。失敗を恐れて、将来なくなる可能性のあるお金や物質的なものに、唯一無二である自分の命の時間を削り続ける。それは非常にもったいないことです。

とはいえ、決して準備不足のままチャレンジすることを推奨しているわけではありません。私が伝えたいのは、完璧を求めすぎるあまりにチャンスを逃せば、かえって成功から遠ざかってしまうということです。

成功の反対は失敗ではなく、何もしないことなのではないでしょうか。

先ほど、『Ｒｅ．ｍｕｓｅ』を創業したときのことに触れましたが、当時の私はそんな不完全な状況で、さらに起業するために借金を背負う決断をしました。

お客さまが来てくれる保証もない。なんの後ろ盾もない。あるのは情熱と行動力だけ。はたから見たらとんでもないバカに映っていたと思います。

しかし、私は賢くて行動できない人になるくらいなら、行動できるバカのほうがいいと思っています。

いくら「こうなりたい」「ああなりたい」と言っても、言っているだけでは叶いません。成功するために欠かせないことは行動だからです。バカと天才は紙一重という言葉がありますが、常識に囚われずに行動した人はみんな、最初はバカだと言われるものです。ウォルト・ディズニーも、スティーブ・ジョブズも同じです。誰からも見向きもされなかった夢を実現し、世界を変え、今や「世界の偉人」と検索すると必ず名前がヒットする人物です。

「バカ」は決して悪い言葉ではなく、誉め言葉のようにさえ思えるのです。

起業前の私を見て、今の私を想像した人はひとりもいないでしょう。当時の私がどれだけ夢を語っても、できるわけがないと笑われていたと思います。ですが、やりたいことを見つけてひたすら行動した結果、今があります。

人は冷静になればなるほど、考えれば考えるほど、行動できなくなるものです。それは、先ほどお伝えした「完璧を求める」という話にもつながっています。

非凡な結果を出す人は、完璧な日が来るのを待ってはいません。逆に、その程度の装備で飛び出すの？　と周りからびっくりされるような状態で思い切った行動に出ます。

たとえば、Ａｐｐｌｅの創業者であるスティーブ・ジョブズは、必須科目に興味が持てず、両親が一生懸命に蓄えたお金を高額な学費に費やすことに罪悪感を抱き、せっかく入った大学をわずか6か月で中退してしまいます。周りからは、「なんて愚かなことを」と思われていたでしょう。しかしジョブズはその後も大学の寮にあった友人の部屋に住み、自分の興味のある講義に潜り込み受講していました。それがカリグラフィーの講義です。このときに得た知識が後のＡｐｐｌｅ製品に生かされたことは有名です。

多くの人は、行動する前に自分を信じることをやめてしまいます。「常識」という言葉に縛られて人目を気にし、枠からはみ出ることを恐れてしまうのです。

対して、成功する人は自分を信じています。そのとき何も持っていなかったとしても、誰から何を言われたとしても、叶えたい目的から目を離すことなく、自分ならできると信じ、強烈な思いを持って行動するからこそ道が開けるのです。

考えなしにいきなり突っ走れということではありません。もちろん、ビジネスプランや人生のプランをしっかり練る時間があるのなら、それに越したことはありません。

ただ、考えすぎて前に進めなくなってしまうくらいなら、思い切って飛び出してみるのもひとつの手です。あれとこれが揃ったらやろう、あとこれだけできたらチャレンジしてみよう……、そんなふうに完璧を求めている間は、まだ一歩も前に進んでいないのですから。

5つの穴を3つの蓋で塞ぐことはできない

もしも目の前に大きな5つの穴が開いていて、その穴を塞ぐための蓋が3つしかなかったら、あなたはどうしますか？

3つの蓋ではどう頑張っても5つの穴を塞ぐことは不可能です。それでもなんとか、すべての穴を塞ぐことができないかと悩んでいるだけの人は、決断力がなく、優柔不断で、何も手放す勇気がない人だといえます。そういうときにこそ、何を優先し、何を手放すべきなのかを判断できるようにならなければなりません。

たとえば、あなたが勤める会社に新入社員が入ってきたとします。あなたは上司として部下に新人研修を命じます。しかし、収益は落としたくないので売上目標は今まで通りと要求します。果たしてこのような状態でうまくいくでしょうか？

新人研修を実施するには人手も時間も必要になるのに、これまでと同じ人員、同じ勤務時間内で、今までと同様の売上を達成しろというのは無茶な話です。仕事が増えた部下たちはモチベーションが下がり、いろいろと手が回らなくなることで売上も落ち、しっかりとした時間が取れないため新入社員の教育も中途半端な形になってしまうでしょう。そうなると、やがて社内の雰囲気は悪化し、最悪の場合、今まで頑張ってきた部下の中から退職者が出てしまうことにもなりかねません。これでは、せっかく人を増やして会社を発展させようとしたのに、本末転倒です。

今の数字を何％か落としてもいいから、新入社員の教育を優先させるのか。それとも売上を優先するため、教育期間を延ばしてゆっくり育てることにするのか。または売上をキープしつつ新人教育を徹底するために予算を使って外部のエキスパートに依頼するのか――。

目標を達成しようとすれば、このような取捨選択の場面を嫌というほど経験することになります。

前述のポップアップストアの件でも同様のことがいえます。

通常通りの接客をして、パンツの裾上げをし、そのうえでひとりで200万円という目標をクリアするなんて、3つの蓋で5つの穴を塞ごうとするようなものです。何を優先し、何を捨てるのか。それが決断できなければ、結果を出すことは難しくなります。

今はこの穴を塞ぐのがマストだと決めたなら、他は諦めるくらいの覚悟も必要です。それに私の経験上、手放した結果、後からより大きな成果が返ってくることも十分期待できます。

物事の本質を見極める

多くの人が貫くことに難しさを感じる一因として、物事の本質を正しく見極められていないことがあります。

たとえば、クレームが生じた際にお客さまが怒っている本当の理由がわからないいま対処してしまい、さらに激怒させてしまった。ここでお客さまの見えない気持ちに寄り添うことができていれば、さらに深い信頼関係を築くことができたかもしれないのに、そのチャンスを逸してしまった、という話をよく耳にします。

また、これまで志高く仕事をし、周囲からの信頼も厚かった社員が、突然会社をやめたいと言い出す、などといった経験をしたことがある方もいるでしょう。退職理由を本人に尋ねてみると、実は随分前から不満を抱えていたけれど、誰も気づいてくれず、上司がその悩みを知ったときにはすでにその社員の心は決まっていて、手遅れの状態だった。

自分が求めていることと、相手が求めていることに違いがあり、その本質を見極めることができないままミスコミュニケーションを重ねてしまうと、さまざまな誤解が生まれ、このような結果になります。

自社の製品が売れずに悩むのも、マーケティングがうまくいかないのも、ＳＮＳが伸びないのも、実は相手が望んでいることの本質を理解できていないことが大きな要因です。求められているものが何かわかっていなければ、うまくいくはずがありません。うまくいっている人は、その理由をちゃんと知っているのです。

たとえば、私のＳＮＳのフォロワー数が伸びた本当の理由は、非合理なことを本気でやっているバカな経営者だからです。自分のことなので少々言い方が荒くなりましたが、もし私が稼ぐことだけを考えて、海外で安く服をつくり、トレンドに乗っかったビジネスをしていたなら、こんなに私を好きになってくれる人はいなかったでしょう。

スーツという衰退産業にわざわざ突っ込んでいき、業界全体が安売りをする時代に、本物のスーツを残したい！　人を自信で包むんだ！　そういって広告費用もかけられないような会社が高単価のスーツブランドをつくるなんて、時代に逆行するただのバカだと言われてもおかしくないのです。合理性のかけらもないのですから。普通の経営者ならやらないでしょう。

けれど、人が聞いたら呆れるような夢に本気で人生を賭けて挑み、その想いに等しい行動力によって、起業当初には考えられなかったほどの成果を出すことができました。それにより、見ている人に勇気や希望を与えることができ、応援してくれる人に囲まれる現在の自分に辿りつくことができたのです。

つまり、多くの人は非合理なバカが好きだということです。

人は自分が見たいものだけを見ようとしがちです。それゆえに、相手が出しているサインを読み間違えてしまうことがあります。だからこそ自分の思い込みや願望に左右されずに判断をする心の目を養う必要があるのです。

物事の裏に隠されて、表面化されていない部分まで理解できる、本質を見抜く力があれば、その場しのぎの対応ではなく、根本的な解決ができ、手遅れになる前に手を打つこともできます。

あなたのクライアントが自分を指名してくれる本当の理由がわかれば、あなたがやるべきことが見えてきます。それを多くの人に提供することができれば、あなたは間違いなく人気者になれるでしょう。

また、社内の人間関係で問題が起きたときも、その問題の本質を見極めることができれば、本来、背負う必要がない責任を感じて落ち込むことも減るでしょう。原因はあなたではなく、相手が解決すべきことなのに、本人がそれにまったく気づかず、人のせいにばかりしている、ということはよくある話です。そういう場合、物事の本質となる部分に本人が自分で気づくことがなければ、そこから成長することはできません。社内でそのようなことが起きないよう、私がいつも自分に言い聞かせていることがあります。それは、部下を育てる以前に、まずは自分を教育しなければならないということです。

本質を見抜くには、目に見えているものや事象を手掛かりに、時に聞こえない声、見えない感情に耳を傾け、その裏側にあるものを洞察する力が必要です。

これはすぐに養える能力ではないからこそ、日ごろから周囲に気を配ることや、物事を注意深く観察すること、相手の立場になり多角的な視点で考えてみることが大切になってきます。

この習慣を積み重ねることにより、少しずつ見えないものを感じ取れるようになっていくのです。

このように、本質を見極める力を養うことは、人や社会やお客さまのニーズを感知し、あなたが夢や目標へ向かい自己実現を叶えるために必要な大きな手助けになります。

物事の表面だけを見ていると、大事な本質を見落としてしまいます。何か問題が起こったとき、その問題の本質はなんなのか、しっかりと見極める目を持つことが、あなたを貫ける人間へと成長させていきます。

自分にとってのベンチマークをつくる

ＳＮＳで発信される、キラキラした写真や動画。

あの人みたいになりたい。こういう生活がしたい。そう思う人は多いでしょう。しかし、果たしてそれは本当にあなたの望みなのでしょうか？　目の前に飛び込んできた情報に踊らされているだけではありませんか？

具体的な目標として、憧れの人をベンチマークにするのはありだと思います。ただ、本当の意味で自分を引き上げてくれる存在でなければ逆効果です。
たとえその人に憧れて整形したとしても、その人にはなれません。その人より劣っていると考え、と足りないものを数え出すようなことになるのなら、やめたほうがいいでしょう。

そのような観点から見ると、ＳＮＳは吸収の仕方を間違えればマイナスに作用してしまう部分が大きいように思います。キラキラしている人たちに憧れ、若い女性がお金欲しさにパパ活をしたり、風俗店で働いたり、ブランド物を持っていないとスタートラインに立つことすらできず、めちゃくちゃかわいくてやっとプラスマイナスゼロ。果てしなく上がっていく平均点。そこに足並みを揃えないと自分のことを認められない……、そんな世界はおかしいということにどうか気づいてください。それは本当の意味であなたを幸せにしていますか？　私には、どこかの誰かのビジネスに巻き込まれているようにしか見えません。

私もＳＮＳを活用していますから、そういった価値観を増幅させてしまうことに懸念を抱いています。

だからこそ、自分が発信をするときは、ブランド物や高級レストランでの食事風景に偏って届けるのではなく、その人がその人らしく生きるためのヒントや考え方を届けられるよう心掛けています。

「今日この投稿で励まされた」「勇気をもらった」「悩みがひとつ解決できた」……もしも私がそんなふうに精神的な道しるべになれるのであれば、ありがたいと思っています。


読者のみなさんの中には、私に憧れてくださっている方もいると思います。私をベンチマークにしていただけるのはとても光栄なことです。

けれど、私に憧れてテーラーやその他の職種で起業したいと考えている方がいるとしたら、それは必ずしもあなたにとっての正解とは限らないことも知っていただきたいと思います。先ほどもお伝えしたように、憧れの人を模倣してもその人にはなれません。

どうか、あなた自身のオリジナルの幸せ、オリジナルの成功を手に入れることを目指してください。

そんな人たちの背中を押し、自信を提供するために、私たち『Ｒｅ．ｍｕｓｅ』はおひとりおひとりのニーズに寄り添い、「ヴィクトリースーツ」をお届けしています。

ベンチマークにする存在は、年齢を重ねたり、環境や心境の変化によって変わっていくものだと思います。仕事で結果を出したい、幸せな家庭を築きたい、もっと視野を広げたい……、そのとき、そのときであなたにとって、最適なベンチマークを見つけることで、オリジナルの幸せ、オリジナルの成功を掴むヒントにしてください。

すべての条件をいったん外してみる

なんの仕事をしているか。どれぐらい収入があるか。そういった条件をすべて取り払って、一番幸せなのはどんな状態なのかを自分に聞いてみてください。

あなたはなんと答えますか？

大きな家が欲しい。海外旅行に行きたい。そんなことでも構いません。さまざまな答えが出てきたら、そこからもう一歩踏み込んでこんな質問をしてみてください。

それらが全部叶った後にやりたいことは何？

そこで出てくるものこそが、本当にあなたを満たしてくれるものです。

かつて私が自分にこの質問をしたとき、最初に出てきたのは、自由に仕事がしたい、シャネルで好きなだけ買い物がしたい、大きな家に住みたい、という非常に物質的な欲求中心の答えでした（笑）。

しかし、そういった欲求をすべて満たした後にやりたいことはなんだろうと、さらに自分に問いかけたときに出てきたのは、家族や大切な人たちと交流し、海外を巡る経験やゆったりとした時間を持ち、社会貢献したい、といったものでした。

私は、ラッキーなことに起業する前にそれに気づけたことで、お金儲けだけのビジネスでは自分が最後に望む心の充足感や幸せには辿りつかないと気がつき、今のビジネスモデルで事業をはじめることにしました。

この10年の間、さまざまなビジネスのお誘いがありました。誘いに乗れば、新たに得られるものもあったと思います。しかし、あれこれ手を出して結局一番大事なところが空っぽになってしまっては意味がありません。ブレずに貫くためには、決めたこと以外はよそ見をしないことも大切です。

これまでそういった誘いには乗らず、『Ｒｅ．ｍｕｓｅ』のことだけに集中してきたのは、私にとって、『Ｒｅ．ｍｕｓｅ』での事業を成長させていくことこそが、人生を充実させることだとわかっていたからです。だからこそ、ここまでブレずに貫いてこられたのだと思います。

ワーク③ どうなったら幸せかを自分に聞く

すべての条件を取り払って、どうなったら幸せかを自分に聞いてみてください。

人生のポートフォリオを考えるとき、一番幸福度が高いのはどんな状態なのか。それを自覚していれば、人は長く走ることができます。

逆にそれがないと、不調なときにまた霧の中で迷子になってしまい、「何かがおかしい、こんなはずじゃなかった」といちいち引っかかり、立ち止まってしまうことにもなりかねません。

不調なときに自分の手助けになる「お守り」をつくるためにも、一度すべてを取り払って、どうなったら幸せなのかを自分に聞いてみてください。

これは簡単に思えて、意外と難しいはずです。

ひとつ目のワークで幼いころの自分に、好きだったこと、楽しかったことを聞いてもらいました。そのワークがここにつながっています。

あなたはかつて、これをすることが自分の幸せだ、ということを当たり前に知っていました。しかし、そのころからはあまりにも時が経ちすぎています。すべての条件を取り払って考えることをもう何年もしていないでしょうから、思考に渋滞が起きていて、いきなり「自由に考えて」と言われても、どうしたらいいかわからないのも無理はありません。

きっと、いくら自由に考えてと言っても、最初は「でもこれがないし」「それは実現不可能だし」と、いろいろと否定する言葉が出てくるはずです。それでも、「そんなことは気にしなくていい」「どこまでも自由だから」そう言い聞かせ、自分が本当に幸せだと思う状態を書き出してみてください。

Q：あなたは自分がどうなると幸せだと思いますか？

■健康・家族・人間関係・お金・仕事、5つのカテゴリーで現状分析

次に健康、家庭、人間関係、お金、仕事の5つのカテゴリーに分け、10点満点とした場合、現時点での点数をそれぞれつけ、現状を可視化してみましょう。

こうして、今満たされていない部分を可視化することで、現在の自分の状態を知ることができます。それによって、バランスの悪さも明らかになるでしょう。

点数が低い理由はなんなのか、どうやったら埋まるのか。逆に高い部分の理由も考えてみてください。

自分の人生満足度（50点満点）は何点か、現状を知ろう

【例】

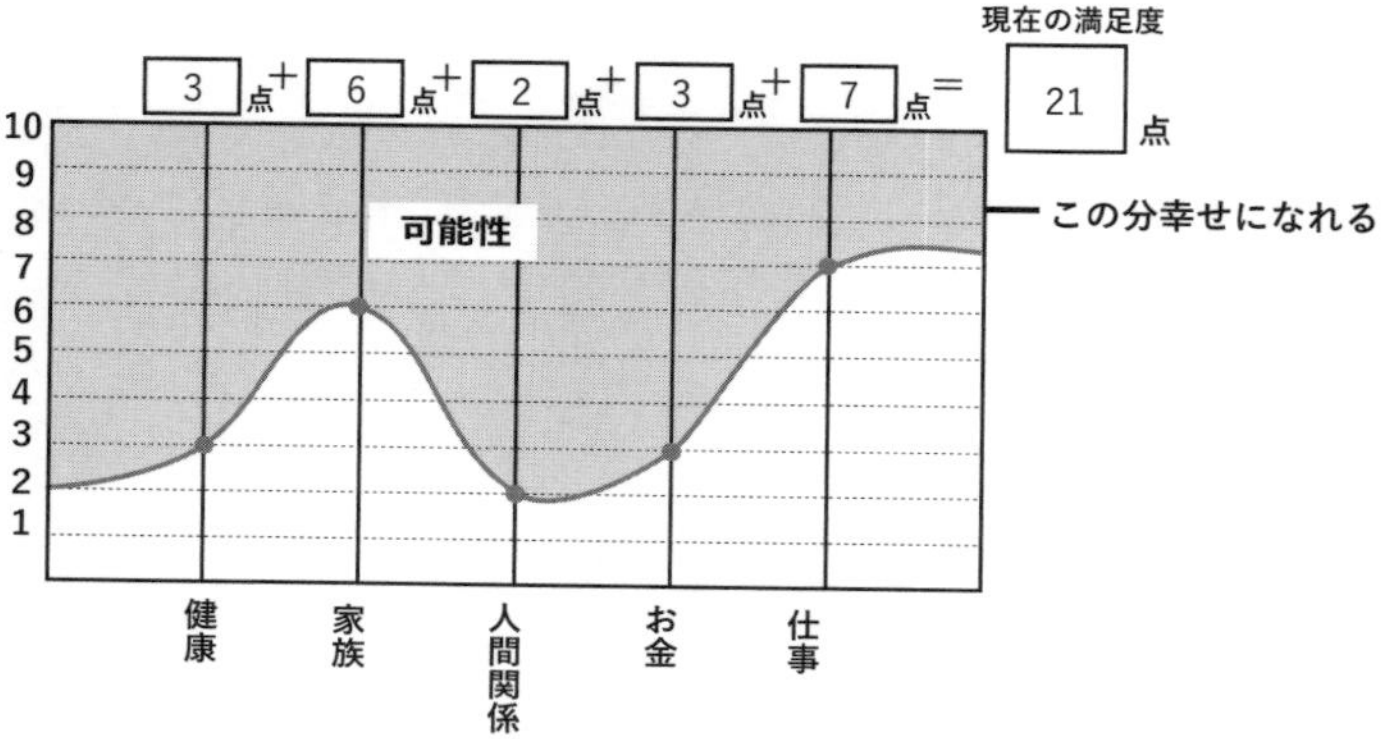

■一番点数が低かったものはなんですか？

人間関係

・その理由は？　友達との関係がうまくいっていない。

・改善点は？　新たなコミュニティーに参加するなどして、価値観の合う仲間を見つけてみる。

■一番点数が高かったものはなんですか？

仕事

・その理由は？　会社の理念に共感し、やりがいを感じているから。

【あなたの場合】

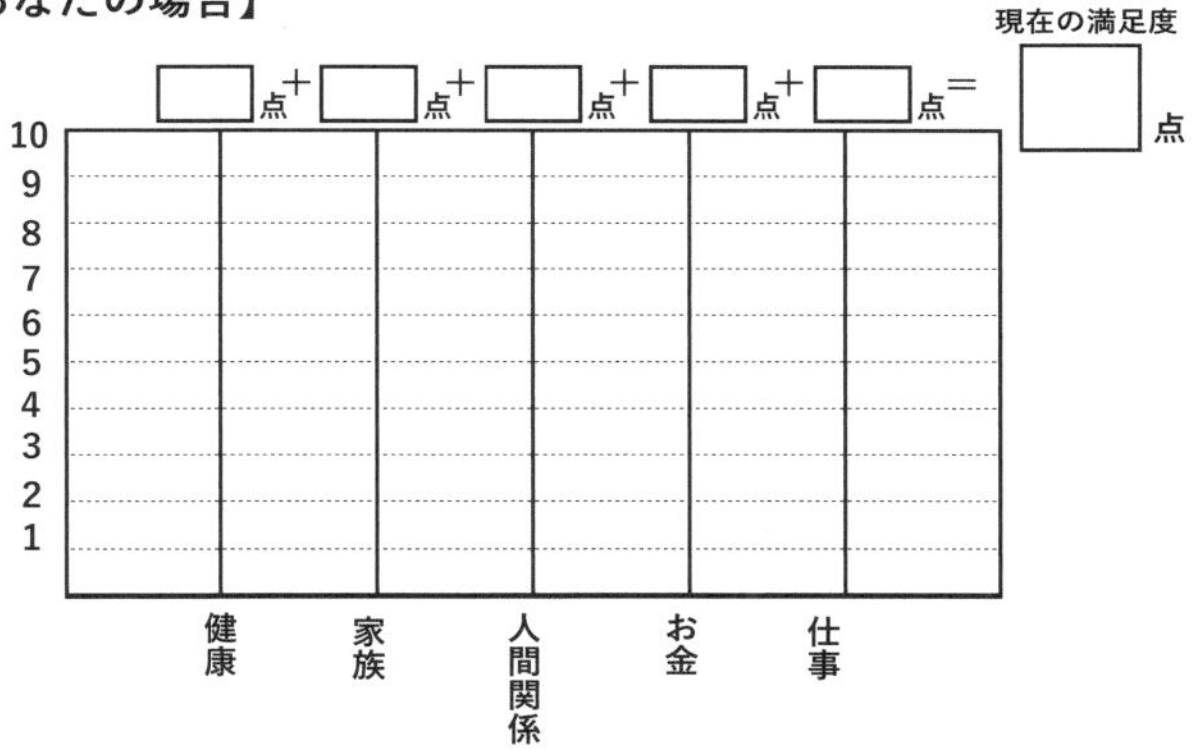

■一番点数が低かったものはなんですか？

・その理由は？

・改善点は？

■一番点数が高かったものはなんですか？

・その理由は？

仕事はめちゃくちゃ頑張れているから7点だけど、人間関係は2点。点数が低くても、その部分は許容できるからストレスにはなっていないということもあるでしょう。逆に、その2点が苦しみを与えているのであれば、他の何かをセーブするなどして、自分の時間やエネルギーを、引っかかる部分の改善に使ったほうがよいでしょう。

このワークで重要なことは、自分にとっての現在地を正しく認識することです。現在地を知ることで、人生の舵を自分で取ることができるようになっていきます。

第3章

自己効力感を養うことで自己肯定感を上げる

いきなり自己肯定感を上げようとしない

この章では、自己肯定感と自己効力感についてお話ししていきたいと思います。

序章でも簡単にお伝えしましたが、自己肯定感と自己効力感について、あらためて説明させてください。

自己肯定感とは、無条件に自分を価値ある存在だと思える感情のことです。「高い能力を持っているから」「見た目が美しいから」といった根拠からではなく、ありのままの自分の価値を認めている心理状態を指します。

対して自己効力感とは、言うなれば「自分ならできる」という認知状態のこと。

この「自分ならできる」というマインドがあれば、これまでにやったことがない課題にも積極的にチャレンジすることができ、困難な状況でも諦めずに乗り越えていくことができるようになります。

自己効力感が自己肯定感と決定的に違うのは、自分が立てた目標をクリアすることによって、「自分ならできる」というマインドが育てられるという点です。これはほとんどの人にとって無条件に自分を認めるよりはずっと簡単です。

成功体験を重ねることで自己効力感を養うことができれば、自己肯定感は自然に上がっていきます。

序章でもお伝えしたように、成功する人は自己肯定感が高いとよく言われます。私自身も自己肯定感は高いほうだと思います。では、その自己肯定感の高さはどうやって養われたのか。振り返ってみて思い出したのは、小学校時代のことでした。

腎臓の病気を患っていた私を献身的に支えてくれたのは、母でした。私の体の状態を少しでもよくしようと毎日の食事や健康管理に気を使い、入院したときも泊まり込んでそばについていてくれました。私はそんな母が大好きでした。

しかし、小学校5年生のときに、私は生まれて初めて母よりも一緒にいたいと思う存在に出会います。

それが、後に親友となる転校生のあゆでした。

初めて会ったときから、あゆは他の子とはまったく違っていました。誰も知らない土地に来たというのに、最初からそこに住んでいたかと錯覚するほどの存在感。人との間に壁をつくらず、誰とでもすぐに仲良くなれるコミュニケーション力の高さ。かくいう私もすぐに彼女と仲良くなりました。

誰の目も気にせず、誰の意見にも左右されない。小学5年生ながらすでにそんな強さを持っていたあゆは、私が何かを決断するときには、その背中を押し、常に応援してくれました。

「勝がそう思うんやったらそれでええと思うよ」「あゆは何があっても勝のこと好きやから」

彼女の存在が私の勇気となり、支えとなったのです。

今にして思えば、彼女は自己肯定感がとても高かったのだと思います。

「勝はあゆのこと大好きやもんな」

いたずらっぽくそう言うあゆのことが、確かに私は大好きでした。そして、そんな彼女が私を信じてくれていることが何よりうれしかったのをよく覚えています。

人は誰かに信じてもらうことで、自分を信じられるようになっていきます。

自分の大好きな親友が自分を１００％信じてくれている――相手に承認されているという充足感や安心感が、自己肯定感を高めることにつながったのかもしれません。

彼女の髪はサラサラで、顔は手のひらサイズの小ささ。勉強ができてスポーツも万能。両親が共働きだったことから料理もお手の物。できないことが見当たらない、まさにパーフェクトガール。

かたや彼女の隣にいる私は、髪は癖毛で勉強もスポーツも料理も苦手。敵うところなど見当たりません。男子からも大人気だったあゆには中学に入ってすぐに彼氏ができたのに対し、私は好きな男の子に告白して失恋。

あゆはそんな私の悲しみにも寄り添ってくれました。

公園で泣いていた私のところに、雨の中、傘もささずに猛スピードで自転車を漕いでやってきた彼女は、びしょ濡れになった体で私を抱きしめると、わんわん泣きだしました。人の悲しみを自分のことのように考え、受け止めてくれる……、そんな彼女を私は心から尊敬していました。うれしいとき、悲しいとき、寂しいとき、どんなときも、彼女は言葉と行動の両方で、私に惜しみない愛情をくれたのです。

あゆの家に泊まるといつも私は帰りたくなくなり、そのまま1週間近く滞在することもざらでした（笑）。私たちはいつも一緒にお風呂に入り、あゆがつくってくれたご飯を食べ、一緒の布団で眠りました（親には心配をかけていないので、読者のみなさま安心してくださいね）。

「あゆが結婚するときは、絶対に私が友人代表で手紙を読むからね！」と、このとき交わした約束を、あゆはちゃんと覚えてくれていました。

彼女の結婚式で、私は友人代表としてスピーチすることになったのです。

小・中学時代は昼夜問わずずっと一緒にいた私たちも、高校、大学、就職と大人になるにつれ、互いに新たな友人ができ、知らないことのほうが増えていきました。

結婚式の会場には私が知らないあゆの友人たちがたくさんいて、その中でなぜ私が友人代表に選ばれたのか、多くの人はわからなかったと思います。けれど、私とあゆの間で交わした約束は、長い時を経てもずっと色褪せずに残っていたのです。


彼女とは今でも親友です。会うのは数年に一度ですが、それでも顔を合わせると、長い間会っていなかったことが嘘のように、昔の関係そのままでいられます。そして数年間会話をしていないのに、不思議と彼女とのつながりを感じるのです。未だに何度も夢に出てくる彼女が私に与えた影響はとてつもなく大きく、自己肯定感の軸となる考え方を宿してくれたように感じます。

この書籍に登場してもらうにあたり、私は久しぶりにあゆにメッセージを送りましたが、その返事も実に端的。「もちろんいいよ、私も買うね。楽しみ〜」でした(笑)。かくいう私の連絡も端的だったのですが。

どんな内容を書くのか？ どのくらいのページ数書くのか？ 名前を出すことへの抵抗などを含め、彼女からは一切の質問もなく、「応援している」のひと言で終わりました。

あゆのような存在に出会えた私は、本当に幸運でした。

多くの場合、自己肯定感は成長するにつれ、誰かから否定されたり、傷つけられたり、失敗から自分への信頼を失ったりすることで、少しずつ削られていきます。

しかし、自己肯定感を一気に上げようとするのは危険です。目の前に見上げるような高さのハードルを置いて、それを飛び越えようとしても失敗する可能性が高いからです。そして失敗すれば、自己肯定感はさらに下がってしまいます。

それよりも、小さな成功体験を積み重ねて、着実に自己効力感を養っていくことを目指すのをおすすめします。そのほうがより簡単に、自己肯定感を上げていくことができると思います。

環境を選ぶべき理由

では、小さな成功体験を積み重ねて自己効力感を養うためにはどうしたらいいのでしょうか？

そのために、まず見直してほしいのが環境です。

あなたが今、身を置いている環境はあなたが成功体験を積める場所でしょうか？
そこにはあなたにとって学びとなること、あなたを成長させてくれるものがあるでしょうか？

自分には合っていないし、学びになることもない、でも、飛び出す勇気もない……、そんなふうに惰性で居続けていませんか？

もしもそのような環境に身を置いているとしたら、それはあなたにとってなんのプラスにもならないどころか、大きなマイナスになっています。

実は私には、「ここにいたら自分がダメになる」と感じた職場をたった1日でやめた経験があります。

当時の私は父を亡くし、どん底の状態にいました。

転職活動をしてもうまくいかず、落ちてばかり。とりあえず、つなぎのつもりではじめたアルバイトが歯科医院の受付でした。

そこはとても大きな医院で、歯科衛生士さんや受付も含めると、かなりの人たちが働いていました。午前中の仕事を終え、院内に用意された休憩室に行った私はそこで他の人たちの会話を耳にします。

「もう帰りたい」「さっさと転職したい」「退屈で死にそう」……そこにいたスタッフ全員がうんざりした顔で、仕事や職場の愚痴を延々とこぼしたのです。

こんなところにいたら、自分もこの負の感情に呑まれてしまう……。

果たしてここでこの先も頑張っていけるだろうか……？

自分に問いかけたとき、返ってきた答えはＮＯでした。


私がそこで働きはじめたのは、ただお金を稼ぐため。何かを学びたい、成長したいと思って選んだ場所ではありませんでした。

このとき私は、自分がこれまでファッションの仕事を通して幸せをもらっていたのだということをあらためて思い知ったのです。そして、自分にとって何より大切なのは、お金ではなく心の充足であることも……。


そのことに気づいた私は、本当に申し訳ないと思いながらも、その日のうちにそこでの仕事を辞退させていただくことにしました。

お世辞にも褒められるような行為ではないのですが、不思議と自己嫌悪に陥ったり、自己肯定感が下がったりすることはありませんでした。おそらくそれは、自分が正しい判断をしていたという自信があったからだと思います。

自分がやりたいことのために役に立つスキルがある。自分の人生にとってプラスになる経験ができる。お客さまの役に立ち仲間と共に成長したい。この会社を発展させたい。そういったことがあれば、たとえ嫌なことがあっても人は頑張れます。しかし、そうでなければ頑張ることはできません。

ですから、まずは今の環境があなたを成長させてくれる場所かどうかを見直してみてください。もしそうでないのなら、勇気を持って環境を変えることをおすすめします。

環境だけ変えても人生は変わらない

先ほど私は、自身の成長につながる場所でないのなら、その環境から抜け出したほうがいいとアドバイスしました。しかし、だからといって、自分に合わないところをすぐにやめればいいというわけではありません。

もしあなたがこれまでに似たような理由ですぐにやめることを繰り返しているとしたら、その原因は環境ではなく、あなたのほうにあるかもしれません。

私がたった1日で仕事をやめたのは、後にも先にもその歯科医院だけ。その後に勤めたオーダースーツ店は、実はその歯科医院など比べ物にならないほど劣悪な環境でした。元勤務先を非難したくはありませんが、状況説明のため一部記載します。

上司は営業時間中にバックヤードでいかがわしいビデオを鑑賞。女性社員を裏に呼び出しては何時間も立たせたまま怒鳴り散らし、耐えきれなくなった人たちが1か月も経たずに退職。残っているのは常に私ひとり……。

しかも、求人に出していたお給料の額面は嘘で、実際働き出すと伝えられていた金額のマイナス4万円……。もともと高額なお給料での求人ではなかったため、総支給額は10万円台となりました。正社員採用での入社でしたが、その約束が守られたのも、予定通りの総支給額が支払われたのも、かなりの時間が経ってからでした。

なぜそんな状況でもやめなかったのか。

それは、私にとって守りたいもの、学びたいことがあったからです。

人のせいにしたり、環境のせいにしたりするのは簡単です。

ですが、日々「自分はなぜか環境に恵まれない」と嘆いているとしたら、少し考えてみてください。そんなにいつも外れくじばかり引いてしまうことが本当にあるでしょうか？　運が悪い、で片づけてしまうのは少々乱暴だと思います。偶然、残念な環境ばかりが続くなんてことは考えにくいからです。

そう考えていくと、問題は環境ではなく自分自身にあるのかもしれない、目を向けるべきは外側ではなく内側なのかもしれない、と気づくはずです。

環境というのは、ただの場所を指す言葉ではありません。環境をつくるのはあくまで人であり、その集合体が環境と呼ばれるものになります。

さらに、人には似た者同士で集まるという性質があります。あなたの周りにはあなたに似た人が集まってきます。ですから、たとえ環境を変えても、あなた自身が変わらなければ結局似たような人々が集まり、同じことが繰り返されてしまいます。

環境だけ変えても人生は変わりません。

本当に人生を変えたいと思うなら、まずはあなたが変わる必要があります。

あなたが変われば、自然と周りに集まる人たちも変わり、環境も変わります。今あなたがいる環境が変わることもあれば、あなたが望む環境を新たに見つけることもできるようになるでしょう。

環境はあくまで、あなたが変わる手助けをしてくれるだけなのです。

幸せかどうかは自分が決める

先ほどオーダースーツ店での給料が10万円台だった、というお話をしましたが、この話をすると、ひとりでお店の売上を担っていたのに安すぎるとよくいわれます。ですが、実は最初に就職したアパレル店での給料はさらに安く、手取は12万円ほどでした。トップセールスでもなんの手当てもつきませんでしたし、ポップアップストアで400万円分の売上を記録しても報奨金などもらったこともありませんでした。

手取り12万円の中から実家にお金を入れていたので、残りはごくわずか。ご褒美は週に一度250円の高級クロワッサンを買うこと。お給料日の前になると決まって金欠。お水なんてお金を出して買うものではないと思っていましたし、ペットボトルのお水を持った人を見かけると、お金持ちだと思っていました。その名残りもあって、お水を躊躇《ちゅうちょ》なく買えるようになったのはここ数年のことです（笑）。

この話を読んで、かわいそうと思う人がいるかもしれません。ですが、私はそんな状況でもまったく不満を持っていませんでした。心の底から、とっても幸せだと感じていました。なぜなら、ファッションの仕事が大好きで、大好きでたまらなかったからです。

当時は給料明細の中身を見ることとさえしませんでした。ファッションの現場で働いているという充実感に比べたら、お金なんてどうでもいいと思っていました。

確かに、お金で得られるものはありますし、お金が大事ではないという話ではありません。けれど、それだけで満たされるものはたかが知れています。それどころか、人はお金だけを優先すると虚しささえ覚えます。そんなことより、やりがいのある仕事ができることのほうが私にとってはよっぽど重要だったのです。

報酬をもらえるから頑張るのではなく、やりがいがあるから自発的に頑張りたいと思えるのです。

このように精神的な充実感を優先することで、金銭的な報酬はあとからついてきます。そのことがわからずに、目先のお金にばかり囚われている人のほうが、私から見るとよっぽどかわいそうに見えます。

やりがいはお金では買えません。探しても簡単には見つかりません。その実感は年齢を重ねるごとに現実味を帯びてくるものです。

周りから見たら、あり得ないといわれてしまう話かもしれません。しかし、幸せかどうかは自分が決めるもの。周りがどう思うかは関係ないのです。自分の能力を高める修行の期間は、お金より努力に目を向け、能力向上に努めるほうが、長い目で見たときに大きな利益を手にすることができると思います。

周りを気にして比較し優劣をつけたり、過去と比べて現状に不満を抱いたりするのは、自分に自信がなく、軸が定まっていない証拠でもあります。自己肯定感が上がれば小さなことに振り回されない一定の精神状態を保てるようになってきます。それによりブレない軸ができ上がり、周りのことなど自然と気にならなくなっていきます。心配しなくても、あなたの頑張りはどこかで返ってきます。

みんなと同じでいることや、世間一般でいいとされるものを受け入れること。それ自体は決して悪いことでありません。しかし、ただ楽なほうを選んだ結果がそれだとしたら、いつかそんな自分に違和感を抱く日が来るでしょう。

他の誰でもない、自分にとって何が重要なのか。優先すべきことはなんなのか。それを知っているのは、この世であなたひとりです。

あなたの幸せはあなたが決めるということを、どうか忘れないでください。

愛することと甘やかすことは違う

自己肯定感とは、言い方を変えれば自分を愛すること。

自分を愛することは何よりも大切なことです。しかし、それは何もかもを肯定して甘やかすこととは違います。

環境の話でもお伝えしたように、嫌なことからすぐに逃げたり、すべて周りのせいにしたりすることは自分を大事にしているというより、自分を甘やかしている状態です。

繰り返し自分を甘やかしていると、貫く力を身につけるどころか、やがてそんな自分を責めるようになり、自己肯定感まで下がってしまいます。

頑張っていなくても、だらしなくても、どんな自分でも好き。

そんなふうに無理に思おうとしても、大抵の人には難しいでしょう。どれだけ満足しているふりをしても、人は頑張っていない自分を本心ではなかなか認められないものです。ですから、どんなに面倒でも自分で自分を認めるために頑張るしかないのです。いくら取り繕っても、努力しているかどうかは自分が一番知っているのですから。


突然ですが、自分のことを自分の子どもだと想像してみてください。

もし自分の子どもが嫌なこと、やりたくないことを後回しにしてばかりで、常にだらだらしていたとしたら、あなたならどうしますか？

かわいいわが子なのだからとそのまま好きにさせておきますか？　子どもの将来がどうなろうと知らないなどというふりはできないはずです。きっとあなたなりの方法で、自分のことより真剣に、厳しさを持って現状打破を試みるのではないでしょうか。

本物の愛とは、時に厳しいものです。

自分を最愛のわが子だとイメージすれば、頑張ることをせず、そのままの状態でいることが自分で自分に対しどれだけひどいことをしているのかわかるはずです。

愛することと甘やかすことは違います。

甘やかすことで将来自分が困ると考えたら、自分に厳しく向き合う気にもなるのではないでしょうか。

私は子どもを産んだことがないので、例に出すのはおこがましいかもしれませんが、私にとって『Re.muse』は子どものような存在です。どれだけ自分が疲れていようと、どれだけ休みたいと思っても、母親が子どもを優先するように、『Re.muse』が何よりも優先すべきものなのです。

だからこそ、課題を発見したら後回しにはせず、すぐに対処します。経営者も同じ人間なので、時には私にだって言いにくいこともあります。けれど、その発言が将来を見据えたうえで必要なものなのであれば、言いたくないという個人的な感情を優先するのではなく、勇気を持って発言します。

甘やかすことは誰にでもできます。その場しのぎで逃げることもできます。けれど、それを繰り返した先に、誇れる自分は待っていないのではないでしょうか。

私は常日ごろから、目指すべきことがあるのなら、何ごとにも真摯に取り組んだほうがいいとアドバイスしています。その理由は、自分が本当にやりたいことが見つかったときに、頑張れる自分がいなければ意味がないからです。

やりたいことが簡単に見つかるとは限りません。20代で見つかる人もいれば、30代、40代、50代になってから、これだと思うものに出会う人もいます。スタートは早いほうが有利かもしれません。しかし、大事なのはそのときに頑張れるだけの胆力が身についているかどうかです。

せっかくやりたいことを見つけても、それまでの間に全力で取り組める自分を養っていなければ、結局はここぞというときに頑張ることができず、夢は夢のまま終わってしまいます。

私は中学時代の陸上部での3年間をはじめ、アパレル企業、オーダースーツ店で働いていたときも全力で頑張ってきました。そこまで愚直に積み上げてきたものがあったからこそ、起業した後も死に物狂いになって頑張ることができたのです。

何に対して頑張るかは人それぞれ。壮大なことでなくても構いません。たとえばアルバイトを頑張るでもいいと思います。何かひとつでも頑張った、貫き通したという経験を自分にさせてあげてください。いつか自分が本当にやりたいことを見つけたとき、頑張れる自分をつくるために。

今のあなたの頑張りが、未来のあなたを救うのです。

自己肯定感を上げてくれるアイテムを持つ

私が初めて買ったブランド品。それは、シャネルのピアスでした。

当時の価格で4万円弱の一番安いピアスでしたが、お金を出して購入して、箱を開けた瞬間の感動は今でも忘れられません。そのピアスをつけただけで、不思議と自分に自信が持てたことをよく覚えています。

これをつけたら自信が持てる。普段とは違った自分になれる。背筋が伸びていつもより堂々としていられる。多くの人たちのそんな感動と承認に裏打ちされ、いつの間にかそれが共通認識となったもの――それこそが、ブランドなのだと知りました。

そして、このときの体験が、後に『Ｒｅ．ｍｕｓｅ』の創業へとつながったのです。

職業や働き方が多様化し、カジュアルな服装での出社が増えてきた結果、スーツは売れにくいものになりつつあります。そのスーツに付加価値をつけて再リリースをかけていくことは、並大抵ではありません。一般的な商品を売るよりも苦労や難しさが伴います。しかし私は、それでもスーツを通じて自信を提供できる会社にしたいと思ったのです。

『Ｒｅ．ｍｕｓｅ』のスーツを着て自信に包まれることで、何者にだってなれる、なんでもできるといった感覚を味わい、望む人生を実現してほしい……そんな思いから、お客さまひとりひとりと真剣に向き合い生み出されたスーツが、やがて多くの方の成功体験へとつながり、いつしか私たちのスーツは「ヴィクトリースーツ」と呼ばれるようになりました。

ヴィクトリースーツを購入したことによって、内面が変わり、表情が変わり、使う言葉が変わり、行動が変わる。それによって出会いが生まれ、結果が出て、自信が湧く……。お客さまの中には、「ヴィクトリースーツを着用してから営業成績が1位になった」「予定より早く昇格した」「自分が本当にやりたいことに向けて一歩踏み出せて人生が変わった」という方がたくさんいらっしゃいます。

さらに、スーツをつくりに来たお客さま同士がカップルになり結婚されたというおめでたいお話や、成人式でヴィクトリースーツを着るために大学受験を頑張り見事合格したというお話まで寄せられたことがあります。

ヴィクトリースーツは消耗品としてではなく、自己投資として買われているお客さまが多くいらっしゃいますが、最近では、ヴィクトリースーツを購入すること自体がお客さまのモチベーションになっていると感じることも増えてきました。

ヴィクトリースーツがお客さまの人生をよりよいものに変えるきっかけになっている――それは私にとって何よりの喜びです。

人生を変えたいと思ったら、まずは自分を信じることが必要です。自分を信じていなければ現実を変えることも、貫くこともできないからです。

これを身につけていると自信が持てる。そんなアイテムが背中を押してくれることによって、諦めずに頑張る力となり、新しい世界へと一歩踏み出す勇気になるのです。

あなたにとってのそんなアイテムはなんですか?

もしまだ持っていなければ、探してみることをおすすめします。高価なものでなくても構いません。あなたのモチベーションが上がるもの、自信を持てるようになるものを見つけて、ぜひ身につけてみてください。

成功体験を積むために自分の向き不向きを知る

自己効力感を養うためには、小さくてもいいので成功体験を積んでいくことが必要だというお話をしましたが、そのためには、自分の向き不向きを把握することも大切です。

自分の向き不向きを知っていないと、結果を出すことは難しくなります。頑張っているのに結果が出なければ、貫く前に途中でやめてしまうからです。

とはいえ、序章でも触れましたが、人は意外と自分のことを正しく理解できていないものです。

みなさんは『イエスマン〝ＹＥＳ〟は人生のパスワード』という映画をご存じでしょうか？

どんな誘いにも常に「ノー」ばかり言ってきた後ろ向きな主人公がとあるきっかけで「イエス」しか言わないというルールを自分に課した結果、人生が大きく変わっていくというストーリーです。この主人公のように、積極的に誘いに乗ってみることで、自分の殻を破り、新たな自分と出会えるかもしれません。誰かから請われたことで、自分の意外な特性に気づかされるというのはよくあることです。ですから、自分のことは自分が一番よくわかっていると決めつけず、周りからの意見やアドバイスも積極的に受け入れてみましょう。そうすることで、自分の新たな可能性を発見できるかもしれません。

自分で興味を持ったことをやるのもいいですが、これまで興味がなかったことでも誘われたらやってみるのもおすすめです。

実際私もその経験をしてきました。私が講演会をしたり、本を書くようになったりしたことについては序章でも簡単にお話ししましたが、講演に関しては、以前の私には「人前で話すのは苦手」というマインドブロックがかかっていました。そのため、講演会が決まると憂鬱な気分になっていたのです。

目の前の人に向けて思いを伝えるのは好きでしたが、不特定多数となると話は別です。一度に大勢の人に思いを伝えるのは、その人数分のエネルギーがいります。おひとりおひとりにしっかりと思いをお伝えし、来てよかったと思ってもらうにはそれだけの準備や時間も必要になります。

ですが、そのとき私を誘ってくださった方からの「絶対にやったほうがいい」という助言によりチャレンジしたところ、参加された方々から高評価をいただくことになり、各方面から多くの講演依頼をいただくようになりました。

最近では、多忙すぎる私の姿を見た関係者から、講演会を少し控えてほしいと言われることもあります。ＳＮＳで動画を上げればすぐに数万人が見てくれるに対し、講演会ではだいたい１００人から３００人。私のスケジュールと費用対効果を考えれば、確かに一度にたくさんの方に拡散されるＳＮＳのほうが効率はよいでしょう。

しかし、それでも私が講演会を断らないのは、ひとりひとりの顔を見て思いを伝えていくことの大切さを知っているからです。そして、そういう愚直な努力こそが、自分を基本に立ち返らせるのだと思っています。

もちろん、ＳＮＳでの配信も決して楽なものではありません。ですが、効率的なのは確かです。しかし、同じ空間で直接その思いを伝えることは、ＳＮＳで相手の顔が見えない状態で伝えるのとはまったく違います。そのたびに想いの浸透度の違いを実感し、達成感で心が喜んでいることを感じるのです。

今では、講演会のオファーが来ればできる限り引き受けるようにしています。スケジュールの兼ね合いもありますが、自分の経験が役に立つ場を用意していただけること、知らない人に知ってもらえる機会を提供してもらえることは、とてもありがたいことです。講演内容は、夢や想い、会社経営や起業、自己実現についてお話しすることもあれば、人材教育や組織成長、ＳＮＳや採用など、多岐にわたりご用命をいただいています。

苦手意識いっぱいだったあのころの自分が嘘のようです。

１００人集まっていれば１００人全員に、３００人いれば３００人全員に、常に参加者全員に、今日ここに来てよかったと感動してもらえるようにするんだと心に決めて、全身全霊で挑んでいます。

できることが増えていけば、それだけ成功体験も増えていきます。そうして自己効力感を養うことで、自己肯定感も上がります。苦手なことがあっても、得意なことがあればカバーでき、気持ちも楽になります。

また、人の役に立つこと、社会の役に立つことをするのもおすすめです。誰かに感謝される経験は、ダイレクトに自己肯定感を上げてくれるからです。

自己嫌悪との向き合い方

自己肯定感を上げるうえで避けては通れないこと。それは自己嫌悪との向き合い方です。

たとえば、仕事をちょっと怠けてしまったとき、あなたはそんな自分に嫌悪を覚えると思います。自己嫌悪は、その自己嫌悪を生み出したことでしか救えません。仕事の失敗は仕事でしか取り返せませんし、友達とケンカしたらその友達との間でしか解決できません。飲みに行って発散しようと思っても、頭の片隅からそのことが消えることはないでしょう。

嫌な自分、あまり好きではない自分と出会ってしまったとき、その1日で帳尻を合わせられればいいのですが、そう簡単にはいかないのが現実です。しかし、そこから一歩引いて見てみると、少し気持ちが楽になります。

今日だけの自分にフォーカスするのではなく、1週間、1か月、1年のスケールで物事を見て、トータルでプラスマイナスゼロにすることを考えてみてください。そうすれば、まだまだ挽回できる時間はあると思えますよね。

今日できなかったことは明日やる。そういう日もあるよね、と許せばいいのです。

しかし、それができずに苦しんでいる方も多いと思います。実は私自身も自分をなかなか許すことができないタイプでした。

『Re・muse』をやり出してからの私は、毎日全力で100％やり切ることを自分に課していました。少しの休息も許せず、もしも休んでしまったら、人生で損をしてしまうような、目指す結果から遠のいてしまうような、そんな焦りを覚えていたのです。

しかし、周りは当然その厳しさについてこられません。もちろん、私は社員に自分と同じ努力を強いてはいませんでした。ただトップが休まず、いつもがむしゃらな状態でいたら、やはり、周りは気を使うようになります。度を越えたストイックさは知らず知らずのうちに周りを苦しめていたのです。

新しいことをはじめたばかりのときは、知らないことが多く、それらを知識として身につけることで大きく成長できます。しかし、ずっと同じスピードで成長することはできません。自分がやっているのは短距離走ではなくて長距離走なのだ。それに気づいてからは焦りも消え、休むことを許せるようになりました。

人生は1日1日の積み重ねです。その1日だけを見ていると、目指すべき目標に到達できなかったときに罪悪感が生まれ、それが自己嫌悪を生み出し、自己肯定感が下がってしまいます。

その日の予定をこなせず罪悪感が生まれてしまったときは、その日だけにフォーカスするのではなく、少し引いた目で見てみましょう。

また、自己嫌悪にはもうひとつ、いくら頑張ってもうまくいかなかったときに自分を責めてしまうパターンがあります。

私は『Re．muse』を経営していくうえで人材の問題でこれでもかというくらいに悩まされてきました。何をやってもうまくいかず自己嫌悪になり落ち込むことが多くありました。人がやめるたびに自分を責め続けました。

もちろん今でも落ち込むことはありますが、回復力がつき、当時のように自己嫌悪に陥り、自分を責めることは減りました。

そうなれたのは、ありのままの自分を「間違っていない、頑張っているじゃないか」と肯定し、受け止めてくれた仲間の存在があったからです。

ある年末のことです。その年は何をやってもうまくいかず、完全に自信を失った私は自己嫌悪に陥っていました。

「この1年私が信じて頑張ったことは、全部間違っていた。全部無駄だったし、全部意味がなかった」、そう言って涙を流しました。

そのとき、そばにいた重鎮メンバーがすかさずこう言ってくれたんです。

「全部合っていたじゃない」と。

私は耳を疑いました。自分の失敗をたくさん一緒に見てきて、迷惑をかけたはずなのに、自分が否定しているそのすべてに、「あなたは正しい、間違ってなんかいない」、そう言ってくれたのですから。

その後も、私のどういうところが素晴らしいのか、みんなが私を必要としていることや、私のいいところを教えてくれました。その言葉のすべてがカラカラに疲れ切った心の栄養となりました。

一帯が晴れ渡り、下を向いて枯れはじめていた草木が一気に生命力を取り戻したような、そんなイメージです。

全部をわかったうえで、まるっと受け止めてくれる人の存在がどれだけ自分を救ってくれるか——人は頑張っていないときだけではなく、めちゃくちゃ努力しているのにうまくいかないと、こうなってしまったのは自分のせいなのではないかと思ったり、自分にはそれを成し遂げる能力がないのだと思ったり、自己嫌悪に陥るものです。

それを「成長過程」だと素直に受け止めるのは、ひとりではとても重たいのです。

ですが、共に苦難を乗り越えてくれる仲間の存在が、自分を信じることが難しいときでも信じさせてくれ、もう一度立ち上がるパワーをくれることがあります。私もそんな仲間に幾度となく助けられてきました。

それは、時に社員であったり、お客さまであったり、取引先の人であったこともありました。多くの人の応援と励ましの中で成長させてもらい、一歩一歩夢へと近づいているのだと感じています。

ひとりで見る夢が叶わないのは、ひとりで起き上がり続けることが難しいからです。たとえ起き上がれたとしても、傷がついたままにしていたのでは、その傷口は簡単に開いてしまうでしょう。そうなると貫くどころか、チャレンジすることさえ嫌になってしまいます。幸せになるためにはじめたことも、幸せだと思えなくなってしまうでしょう。自分で自分を否定してしまう自己嫌悪は、とても恐ろしく、貫くうえでの大きな障壁となります。

だからこそ、もしもあなたのそばにいる大切な人が自分を責めていたら、その人がもう一度立ち上がれる理由を、言葉を、あなたが与えてあげてください。ネガティブな感情を一緒に受け止めてくれる人の存在が、自己嫌悪を成長へと変えてくれるのです。

習慣が人生をつくる

人は今この瞬間しか生きることはできません。何を選択するかで人生が変わり、日々の決断の連続が習慣となり、人生をつくっていきます。

過酷な中学時代やスーツ店での経験も、もし、しんどくて大変だからと途中で投げ出していたら、今の私にはきっとなれていなかったでしょう。

とはいえ、苦手とすることを克服し、よい習慣をつくるのは難しいものです。そういうときは第三者を上手に巻き込み、強制的にやらなければならない状況にしてみるのがおすすめです。

私は朝起きるのが非常に苦手です。なので、あえて午前中に打ち合わせを入れたりしています。いつも9時に起きている人がいきなり6時に起きようと思っても、どうしたって難しいのが現実です。さらに、やると決めたのに、それができなかったということで自己嫌悪を招くことにもなりかねません。

今までやっていなかったことを習慣にするのは、自分ひとりの気力だけで解決することが難しい場合が多いものです。なので、私は人を巻き込んでうまくバランスを取るようにしています。
これを習慣にしようと決めたのにもかかわらずサボってしまった場合も、自分ひとりのことならば人に迷惑をかけないので、弱い自分が現れ、「まあ、いいか」となし崩しにしてしまうこともあると思います。ですが、誰かと約束していたらそうはいきません。1週間のうち3日か4日、あえて逃げ場をなくすために朝にアポイントを入れて、起きるしかない日をつくれば、嫌でもその4日間は早起きをすることになります。

気力で解決できることはそれほど多くありません。何より、そのときどきの気分に左右されてしまうため、長続きしません。ですから、もし今の自分を変えたい、新たな習慣をつくりたいと思うのであれば、人を頼って再現性のある方法で解決してみてください。

習慣化に関する例をもうひとつご紹介します。
YouTubeで夢を持って生きることの素晴らしさを伝えるようになってから、

視聴者のみなさんに「勝さんのようになりたい」とたくさんの声をいただくようになりました。しかし、私は自分ひとりの力でここまで来られたわけではありません。多くの人たちに助けられて今があります。

そこで、夢を持って生きるために必要な情報や、人生をより良くするための情報をお伝えできればと思いつくったのが、『ヴィクトリーサロンオンライン』というオンラインで学べるサロンです。

このオンラインサロンでは、私がマインドを伝える講座、そして私が実際にアドバイスを受けている方をマーケティングと金融の講師としてお招きする講座、それぞれ月1回トータル3回開催しています。

そんなサロンも開始から3年目に入りました。

私が担当するマインドの講座では、課題をどう考え解決するか、参加者それぞれが導き出した答えをコメントとして書いてもらいます。初めのうちはちんぷんかんぷんだったみなさんの答えが（みなさん、すいません……）、30回も積み重ねていると、だんだんと私の答えに近づいていくのです。

もちろん、私が正しいわけではありませんが、ベンチマークにしている存在である私の考えがみなさんの中に息づき、日常生活の中でも活きてくるのだということを目の当たりにしています。

これは、毎月学ぶという習慣を繰り返すことによって、思考が変わったという事例だといえるでしょう。

人は1日に3万回決断しているといわれています。朝起きてから、無意識にちょっとした決断をたくさんしています。サロンのメンバーのみなさんがマインドを学ぶことによって、考え方や思考の癖を1％でも変えることができれば、その1％の変化で、一日300回の決断が変わります。年間で見たら、1万回の決断が変わるのです。ほんの少し考え方や習慣を変えるだけで、人生は簡単に変えられるともいえます。

もし今、あなたの人生にこれといった習慣がなく、どこかうまくいっていないと感じているなら、毎月なにかひとつでも自分のためになりそうな習慣をつくってみてください。毎日課題をやると聞くと、面倒だという印象を持つ方もいるかもしれませんが、まずは1か月にひとつであればはじめやすいと思います。最初は面倒に感じることでも、実際には逆で、つくった習慣をクリアすることは意外に楽しく、それにより得られる達成感が成功体験を積むことにもつながります。

その他にも、私は毎月、大阪の創業店舗に行きますし、毎月、兵庫県の山奥にある父のお墓へお参りにも行きます。東京に出てきてからの日々は、自分を忘れるほど忙しい毎日でしたが、大阪の店舗に行くと、自分が大切にしてきたこと、自分は何をやりたかったんだっけ？　なんのためにこんなになるまでがむしゃらになってるんだっけ？　そういった、頭では説明がつかないけれど絶対に忘れてはいけない大切なことを思い出します。

原点を忘れないために、霧の中に迷い込まないために、忘れない努力を習慣として取り入れています。そして自分は生かされているのだということの感謝を忘れないためにも父のお墓参りに行き、60秒でも手を合わせているその瞬間は無になれるのです。

そういった小さな積み重ねを東京に出てきてからの約8年間、ほぼ毎月欠かさず行ってきました。この話をすると、大変だね、すごいねといわれることもありますが、すべてが自分のためになっています。

YouTubeの視聴者の方を思ってはじめたサロンも、30か月以上みなさんと交流を重ねると、そこがたとえオンライン上であったとしても、おひとりおひとりの人柄が見えてきます。今では私にとってかけがえのない居場所となりました。

まずは低いハードルからでも構いませんので、何かを続けることにトライしてみてください。その積み重ねが、あなたの人生となっていきます。

ワーク④ スケジュール帳に先に予定を書き込む

まず、あなたが気になっていることや、後回しにして罪悪感を覚えてしまっていることや新たに習慣として取り組みたいと思うことを書き出してみてください。

たとえば、朝起きられないことやダイエットが三日坊主になってしまうこと、資格の勉強が続かないこと。または、料理をはじめてみよう、毎月1冊は本を読もう、毎月ひとり尊敬する人に会いに行こうなど……、人によっていろいろあると思います。

Q1：今、あなたが気になっていること、後回しにしていることはなんですか？

次にそれをいつやるかをスケジュール帳に予定として書き込んでみましょう。

宇宙飛行士の野口聡一さんは、初めての宇宙飛行から帰ってきた際、長年の目標を叶えてしまったことで一時的にやる気が起きなくなってしまったそうです。

それが怖かった野口さんが、2度目に宇宙へ行くことになったときにしたこと。それは、先に予定をつくっておくことでした。

地球に戻ってきた後に誰と会うか、何をするか。数年先の予定を先に決めておくことで、モチベーションをキープできたそうです。

人は先が見えないと不安になります。やることがないのは一見すると自由でいい状態に感じますが、実際そうなってみると落ち着かない気持ちになるものです。

先に予定を書き込んで可視化しておくことはとても有用です。「この日にこれをやればいい」と決めておけばサボり癖が減り、自己嫌悪に陥ることを防ぐのはもちろん、新たなモチベーションにもできますし、その予定に向けた準備もできます。

自分だけだとやらない可能性があるのなら、私のように人を巻き込んでみてください。誰かにそれを宣言するのもいいですし、SNSを使って同志を募るというのもいいでしょう。オンラインサロンのメンバーさんも、メンバー同士で仲間を集い習慣化したり、協力し合って目標を達成しています。

そして掲げた予定や目標をクリアできたら、自分にご褒美をあげてください。私は旅行をご褒美にすることがありますが、その日まで頑張ろうという気力がふつふつと湧いてきます。そうすることで達成できたことがうれしくなり、さらに頑張ろうと意欲が湧いてきます。それにより、自己効力感を養うチャレンジも楽しく有意義に行えるようになっていくはずです。

Q２：Q１で答えたことを、いつやりますか？　日程を決めたらスケジュール帳に書き込んでください。

第4章

みんなで見る夢は叶うスピードが速くなる

夢はひとりでは叶えられない

自分を貫いてやりたいことを実現するためには、周囲の協力が不可欠です。

人はひとりでは生きてはいけません。私たちは常に直接的、間接的に誰かに助けてもらいながら生きています。

生きるだけでもひとりでは難しいのですから、壮大な夢をひとりでどうにかしようなんて無謀なのは当然です。

人がひとりでできることなんてたかが知れています。最初のスタートを切るときはひとりでも、夢が動き出したら、そこから先はたくさんの人たちの協力が必要になります。

かくいう私もそうでした。創業当初はインターネットで集客が図れるような状態でもなく、営業から接客、経理などの必要な業務をすべてひとりで切り盛りしなければなりませんでした。そのようなとき、何度も私のことを助けてくださったのはお客さまでした。新しい別のお客さまをご紹介してくださったり、いろいろ気にかけていただいてきました。

また、社員となってくれた仲間たちとの出会いも、共に会社を盛り上げてくれる大切なものになりました。ひとりだったら自分の手が届く範囲の人にしかスーツを提供することができませんが、それを一緒に担ってくれる社員ができたことによって、自分だけでは届けきれなかったその先、またさらにその先にいる人にまで自信を提供できるようになったのです。

彼らとの出会いが私に教えてくれたこと。それは、「みんなで見る夢は叶うスピードが速くなる」ということです。

協力してくれる人が集まれば集まるほど、夢が叶う確率は上がります。なぜなら、10人でやれば10倍の力が出るからです。

では、みんなで見る夢をつくるにはどうしたらいいのでしょう。

必要なのは、みんなが幸せになれるビジョンを市場に提供し、共有することです。

Ａｐｐｌｅの創業者であるスティーブ・ジョブズは、常に自社の商品がユーザーにとってどれだけ素晴らしいものになるか、使いやすさを追求しながら最先端のテクノロジーを取り入れ、さまざまなプロダクトを開発しました。マニュアルを読みたくない人、忙しい生活を送っている世界中の人のために価値を提供し、未来を変えました。それがどれだけ多くの人の生活を豊かにし幸せにしたことか――自分の会社だけが儲かればいい、自分のお給料だけが高くなればいい、自分だけが幸せになればいいという考えで仕事をしている人とは、見ている世界がまったく違ったのです。

幸せにしたい人の数が多ければ多いほど、協力したいという人の数も増えていきます。

夢といってもそれがビジネスの場合は特にそうなります。

たとえば、あなたが起業したいと考えているのなら、ただ夢を語るのではなく、経営者として、あなたの会社の成長に関わる人にとっての幸せにも貢献しなければ、協力者は現れません。

あなたが幸せにした人の数がそのまま会社の成長、夢の結果となるのです。

そのように考えてみたとき、あなたはどれだけの人を幸せにしたいですか？　自分の夢が叶ったらどれぐらいの人が幸せになるのかを想像してみることは、あなたが夢を形にする過程で必ず役に立つはずです。

ちなみに私は3世代先まで続くブランドを目指しています。お客さまのお子さん、そのお孫さんが成人式を迎えるとき、ヴィクトリースーツが着たいと思ってもらえたら、最初に購入されたお客さまはきっと、そのスーツを身にまとっている自分に誇りが持てるのではないでしょうか。私が若いころ、持つだけで勇気をもらえたシャネルのように、着る人の心の支えになるスーツを提供し続けるということは、私にとってはもちろんのこと、スーツをご購入されたお客さまとも共有できるビジョンだと思っています。

仲間をつくるには素直になること

先ほど、夢ややりたいことを実現するには周りの協力が不可欠だというお話をしました。では、仲間をつくるためにはどうしたらいいでしょうか？

必要なのは、素直になることです。

まずは相手にあなたを必要としている、ということを素直に伝えましょう。決して見栄を張ったりせずに、等身大の、嘘のない自分でその人と向き合ってください。

最も成功から遠ざかる行為は、見栄を張ることです。

見栄っ張りな人は、人の話を聞くことが苦手です。人の話を聞かない人には何かを教えてあげようという気にはなりません。すると、必要な情報、有益な情報、新鮮な情報が入ってこなくなります。

人は、人を介してさまざまなことを学び成長していきます。それがビジネスであったり、夢を叶えることであればなおさらそうなります。お金は大切ですが、お金が情報を運んできてくれるわけでも、何かを教えてくれるわけでもありません。

人に対して素直に接し、搾取するのではなく与える姿勢でいることは、あなたに豊かな人間関係をもたらします。そうすることで、自分ひとりでは辿り着けないところに到達することが可能になるのです。

自分では気がつかなくても、見栄を張っていることは周囲にはしっかり気づかれています。自分を大きく見せようとする人を心から応援しよう、手助けしてあげようと思う人はいません。何かを成し遂げた際に自分だけの手柄にするタイプも同様です。

逆に実績がある人ほど、自分だけの力でそれを成し遂げたのではないとわかっていますから、そういった態度を取ることはありません。

ですから、変に見栄を張ろうとせず、ありのままの自分でいてください。見栄を張ったり、威張ったりすると、人が離れてしまい、望む未来をつくるために必要なものが揃わなくなるので気をつけましょう。

また、駆け引きもおすすめしません。

相手の心に届くのは、駆け引きのない、心から出た言葉だけです。

駆け引きというのは対等な関係ではなく、相手より自分が不利なときに使うことが多いものです。自分にとって有利なほうに話を持っていこうとして、一度でも相手に駆け引きを仕掛ければ、相手は二度とあなたを信頼してくれなくなるでしょう。それどころか最終的に距離を置かれてしまい、長期的な付き合いには発展しなくなります。

私自身、駆け引きされることが嫌いです。その人の後ろに売りたいものややってほしいことが透けて見えると、結局、営業をしたかったから耳障りのいいことを言っていたのかとがっかりしてしまいます。関わった時間も無駄に思えるので、自分を利用しようとして近づいてきた人を信用することはありません。

自分よりも地位の高い人、お金を持っている人、成功している人を前にすると自分が小さく見えて、少しでも大きく見せたいという心理が働くのもわからなくはありません。しかし、今の自分を恥じる必要なんてまったくないのです。

今、どれだけ大きく見える人でも、最初はみんな何もないところからのスタートだったのですから。あなたの目の前にいる人も、そのことをよくわかっています。

変に駆け引きなどせず、今の自分で勝負してください。

耳障りのいい言葉を並べるのではなく、自分がどういう人間でどうしたいのかが伝わる正直な態度を取ればいいのです。


真摯に相手と向き合って、自分をさらけ出すのは怖いことです。否定されれば当然傷つきます。

しかし、仲間になってもらいたい、協力してほしい、仕事をもらいたいという望みのために、相手に同調したり、都合のいいことばかり口にしてしまうと、長い目で見れば、結局そのほうがあなたを傷つける結果になります。


私は、上辺だけの付き合いも苦手です。

ですから、常に相手に対して真剣に向き合いたいと思っています。そのために一貫性のある態度を取ることを大切にしています。

一貫性は自然体でいることで養うことができます。

何か策略があると、人は自然体ではいられなくなります。

そのため、私はどんな人の前でも自分を取り繕うことはせず、自然体でいることを心がけています。どんな相手にも裏表なく接することが、誠実に向き合うことにつながってゆくと思います。自分と意見が違うのに、その場を丸く収めようと無理に同調したり、適当に流して相手の機嫌を取ったりはしません。そのせいでビジネスチャンスを逃している可能性もありますが、それは仕方がないと納得しています。

取り繕った自分を見て関係を構築してもらったとしても、その関係は長くは続きません。それに、上辺だけで同調するほうが相手に対してよほど失礼なことです。

ありのままの自分で人と向き合ってきたからこそ、お客さまとの間にもブレない信頼関係が生まれたのだと思っています。

『Ｒｅ．ｍｕｓｅ』をはじめた当初、まだ社員もおらず、売上も立たない状況の中、お付き合いのある方々からたくさんのお客さまを紹介していただきました。そのころからお付き合いのある方々は、この10年間、離れることなくずっと味方でいてくださり、そういう方々のお陰でここまでやってこられたのだととても感謝しています。自分なんか経営者に向いていないんじゃないかと悩み、落ち込んだときも、頑張って続けてみようと思えたのは、どんなときも支えてくださったお客さまの存在があったからです。

そんなお客さまとのエピソードは数えきれないほどあるのですが、その中でおふたりのお客さまとのお話をご紹介させてください。

まず、おひとり目は、大阪店をオープンして間もなく出会ったNさんという女性です。

最初にNさんとお話ししたのは電話でした。受話器の向こうから聞こえてきたのは、「こんにちは〜!」という大きな明るい声。とっても溌剌として素敵な方だなぁ……、そのときに抱いた印象は、実際にお会いしてからも変わることはありませんでした。

Nさんはいつも自然体で明るく、見栄を張ることも威張ることもありません。その場しのぎの同調もしないし、自分のことも、人のことも大切にできる方です。だからこそNさんの言葉を信頼することができます。何より、頼まれごとに対していつもYESで答えてくれます。いいときもそうでないときも常に感謝を忘れません。実は一流企業でバリバリ仕事をしているすごい女性なのですが、それをひけらかすことも一切しません。もちろん、相手が誰であっても態度を変えることもなく、いつも楽しそうにニコニコしています。まるでこの本の中でみなさんに私がお伝えしたい人物像のロールモデルとなるような方、それがNさんなのです。

ある日そんなNさんに、私が新しいことへの挑戦を考えていることを打ち明けました。これまでスーツ以外の話をしたことがなかった私は、とても緊張していました。相手の反応を気にしながら話をしている私の様子に気がついたNさんは、私に向かって、「先日ある方と、自然体でいる人って素敵だよねって話になったんだ。じゃあ自然体でいるって、どんな人のことだろうねと——それは、自分の好きなことをしている人だよねって。つまり、勝ぽん（Nさんが呼ぶ私のあだ名）はそのままでいいってこと！」、そう言ってくれたのです。

Nさんは私の様子を見ただけで、瞬時に私の中にある言葉にできない小さな不安を読み取り、すべてを解決してしまう、とてつもなく愛のある言葉をくれたのです。そんなふうに人の心を晴れやかにする言葉をかけ、まるっと受け止め、さらには自信までをも与えてくれる人はそうはいません。

このときのNさんの言葉は、そうだ、何も気にすることはない、私は私がしたいと思うことをやればいい、ただそれだけだった、そう目を覚まさせてくれるものでした。

大切なのは人からどう思われるかではなく、自分の仕事を愛しているか、ただそれだけ。なぜならそれが、素晴らしい仕事を成し遂げる条件だから。

痛いほどわかっていることでも、わからなくなるときがあります。そんなときに大切なことに気づくサインをくれる人がそばにいることは、貫くうえで大きな助けとなります。

そしてもうひとりは、弁護士のS先生です。

S先生もNさんと同じく、創業当初から私を応援してくださり、ずっと『Re．muse』でスーツを仕立ててくれています。お互い悩みを相談し合う仲というよりは、ワイン好きで、仲間同士でいつもワイワイ食事を楽しむ関係でした。

その日も、私たちはそんなノリで食事に行ったのですが、私の気持ちは沈んでいました。理由は、ある社員がやめることになったからです。重たい気持ちで、けれど重たく捉えられないように、気をつけながらそのことを打ち明けました。

「実は○○さんがやめることになったんですよね～」と、笑顔を浮かべながら。

それに対し、「そうな～ん！　ま、頑張ってこうや！」といった返答が明るく返って来ると思っていました。ですが実際は予想外の沈黙……そして、「ごめんな。俺がもっと気にかけてあげればよかった」と言ってくださったのです。

この言葉に私は、泣いてしまいそうになりました。

自分の前から人が去ることは残念です。けれどそれが理由ではなく、S先生のあまりの優しさに涙が出そうになったのです。そしてS先生は続けて「自分にできたこと、もっとあったと思う。油断したな、飯ぐらい誘ってあげられたのに」、そう言ってくれました。もちろん、社員がやめたのはS先生のせいではありません。それなのに、すぐにそんな言葉が出てくることに、私は驚くと同時に、自分はなんて素敵な方々に囲まれているのだろうと胸が熱くなりました。

社員との別れは悲しいですし、自分の出来の悪さを突きつけられているような気持ちになります。そんなことが続くと、何も成し遂げることなどできないのではないかと意気消沈します。けれど、NさんやS先生のようなお客さまがいてくださることで、ここで負けるわけにはいかないと思わせてくれます。そんなかけがえのない人たちと出会えただけでも、夢を追いかけてきてよかったと、心から思えるのです。

仕事は「おかげさまでやらせていただけている」という気持ちを忘れてはいけません。こういった人間関係を築くために必要なことは、嘘のないありのままの自分でいることです。素直になって、見栄を張らずに、自分の弱い部分もありのまま見せる。その姿勢が仲間づくりの第一歩なのです。

必要なのはギブ＆ギブの精神

あなたが周りから応援してもらう存在になろうと思うのであれば、まずは自分が与える人間になりましょう。

ギブ＆テイクという言葉がありますが、そのような気持ちで何かをすると早々に躓《つまず》いてしまいます。なぜなら、世の中というのは、10やったら10返ってくるという単純な世界ではないからです。

人は少なからず他人に期待してしまう生き物です。

期待することそのものは悪いことではありません。成長を期待してもらえるから頑張れるということもあります。しかし、ここでいう期待はそういったものではなく、自分が施したことに対して見返りを求めることを指しています。

期待して何かをすれば、期待したものが返ってこなかったときにガッカリしたり、イライラしてしまいます。

考えてみてください。たとえば親御さんからしてもらったことをあなたがそのまま返すことはできないでしょう。経営者からしてもらったことを社員がそのまま返すこともできません。そう考えると、そもそもギブ&テイクが成立するパターンのほうが稀だということがわかります。

ですが、心配はいりません。自分がギブしたことは本人から返ってこなくても、巡り巡って別のところから返ってきます。

成功している人は、よく「自分は運がよかった」「運に恵まれた」と言います。

運とは、徳を積むことだと、私は思います。では、徳を積むとはどういったことなのかとさらに分解して考えると、日ごろから笑顔を絶やさないことなのではないかと思うのです。

徳を積むというと、何か大きなことへの貢献を思い浮かべてしまいがちです。もしも目の前に困っている人がいたら助けてあげる、人に親切にする、そういった人を慈しむ心自体が徳と呼ばれるものであり、その最小単位が笑顔なのではないかと私は思っています。

先ほどお話ししたNさんも、いつも笑顔でいます。ニコニコしながら「こんにちは〜！」と元気にやってきて、彼女がいると周りがパッと明るくなります。笑う門には福来るということわざがあるように、笑顔で周りを幸せにすることはまさしく、徳を積むことだと言えるでしょう。

そしてNさんがよく言う言葉があります。それは「自分の機嫌は自分で取る」です。人に期待し頼らずに、自ら気分を立て直すことはとても大切です。それができない人は、周りに気を使わせることになりますし、何より自分で自分をコントロールできないのはしんどいことです。

ですから、ギブが難しいという人は、まず自分が笑顔でいることを心がけてみてください。
その小さな心がけが誰かを幸せにして、ひいてはあなたの人生を変えるような運が巡ってくるかもしれません。

また、そうしてギブの精神を持ち続けていると、自然と行動も変わってきます。周りに対して自分ができることを考えるようになり、人とわかち合う行動が取れるようになっていくのです。するとあなたの周りにも、同じように素敵な人たちが集まってきて、いつの間にかギブし合える関係が育まれていきます。

巻き込む力を身につける

人に協力しようと思ってもらうには、まずは自分の思いを伝えることが必要だというお話をしました。巻き込む力は、他者に自分の考えや向かいたい方向に共鳴してもらう能力だからです。

その思いに共感してくれる人を増やそうと思ったら、意志の強さはもちろん、エネルギーの強さも必要です。全力で挑んでいる姿に人は巻き込まれていくものです。

『Re・muse』では、取引先の方々から「こんなに楽しい仕事は初めて」と言っていただけることがあります。

それまではあくまで業務としてこなしてきた仕事が、『Re・muse』の場合はまったく違っていてとても楽しいのだと。打ち合わせがないときにも取引先の方がふらっとお店を覗きに来てくださったりします。

それはきっと、本当にいいものをつくりたい、こだわってやりたいというこちらの心からの気持ちが伝わるからだと思います。誰だって自社の製品と真剣に向き合ってもらえるとうれしいものです。普段の仕事の姿勢や、良好な関係づくりができていることは人を巻き込むうえでベースとして大切です。人は自分の話を真剣に聞いてもらうことで価値を感じることができ、それにより信頼関係が築かれます。

人は自分のためではなく、相手のために動ける熱意がある人に巻き込まれていくものです。そういった意味で、ここでもギブの精神は大切になってきます。

そして人はまだ見ぬ未知の世界を知りたいと思う生きものです。

たとえば、自分で事業をはじめて可能性を試してみたい、誰も知らない宇宙の果てや秘境に行ってみたい。そういった探求心のようなものが大なり小なり人には備わっています。

巻き込む力がある人というのは、「この人と一緒にいることで新しい経験ができるのではないか、踏み込んだことのない領域を見せてくれ、人生観が変わるのではないか」という心が躍るような気持ちを抱かせ、一緒にやってみたいと共感してもらうことができる人です。共感していないことに人は巻き込まれていきません。

そんな巻き込み力を身につけるには、あなたの本気を見せ続けることです。壮大なビジョンをあなた自身が信じ切り、胸を張ってそれを伝えるのです。そして、妥協せずに全力で物事と向き合い、全力で楽しむこと。

楽しそうに何かをしている人を見ると、人は応援してあげたいと思うものです。この人のために何かしたい、この人と一緒にチャレンジしてみたい。楽しそうに取り組むあなたの姿に、多くの人が自然と巻き込まれていくようになるでしょう。

自分を守るよりも大切なこと

誰かから拒絶されること。それはとても怖いことです。それが怖いばかりに、人との関係を深められないという方も多いのではないでしょうか。

しかし、仲間をつくり応援してもらう存在になるためには、時にそんな自分の殻を破らなければなりません。

起業してすぐのころ、私はある方から大手外資系金融企業の支社長を紹介されました。当時の私からしたら、そんな大きな会社の支社長さんなんて雲の上の存在です。

ものすごく緊張しながらその方の会社まで会いに行きました。

大きなビルの中にある広いフロアにはたくさんのデスクが並んでいました。こんなにたくさんの人たちがいる会社のトップの方に会って話をする……その光景に圧倒されながら進んでいった先に、ガラス張りの部屋がありました。

しっかりと自分の思いを伝えなくては。私は自分に気合いを入れて、『Ｒｅ．ｍｕｓｅ』のスーツが他とどう違うか、どんな思いでスーツをつくっているのかをその方に必死で語りました。

椅子にふんぞり返った姿勢で興味なさげに話を聞いていたその方は、私に向かってこう言いました。

「スーツなんてただの作業着やろ」

その言葉を聞いた私はすかさずこう言い返しました。

「やめてもらっていいですか。それだけは許せないので。私はプライドを持ってスーツをつくっています。それを消耗品のただの作業着だなんて言う人は誰であろうと許せません」

それまで緊張しながら話していた私がいきなり怒り出したことに、その方は驚いていました。

後から聞いた話によると、その方のところには普段からよくスーツ店の営業が来ていて、私のことも「またスーツ屋が来た」というぐらいに思っていたそうです。しかし、私が怒ったことで、どうやら今までのスーツ屋とは違うようだと興味を持ったのだそうです。

しばらく会話を重ねた後、

「あなたはどうして僕に買ってくださいって言えないの？」

と質問されたとき、私はフリーズしてしまいました。

確かに私は、スーツに対する思いはしつこいぐらいに語りましたが、「買ってください」という言葉だけは口にしていなかったのです。

「すごく自信があるんだよね？　誇りを持ってるんだよね？　あなたがどうしたいのかはっきり言ってくれないと僕もどうしたらいいかわからない」

それまでも自分の思いは人に会うたびにしつこいぐらい語ってきました。もちろん買ってもらえたらうれしいけれど、なぜか「買ってください」という言葉だけは言えませんでした。私は、ＮＯを言われて傷つくことを恐れていたのです。

「セールスというのはその人の役に立つことをするもの。あなたのスーツがその人の役に立つと思っているんだったら、『あなたはこのスーツを着たほうがいい』と自信を持って言えばいい」

その言葉を聞いて、不意に涙が込み上げてきました。ガラス張りですから、他の社員からも丸見えです。まるでその方が若い女の子を泣かせているみたいに見えていたでしょう。申し訳ないと思いながらも、私はそのとき、あふれる涙を止めることはできませんでした。

その日は土砂降りで、窓の外ではまだ雨が降り続いていました。その方は私に優しく微笑むと最後にこう言いました。

「この土砂降りの雨の中、あなたがここまで僕に会いに来てくれたように、今度は僕が歩いてあなたのお店までスーツをつくりに行くよ」

それからその方は、ご自身が会社を退職するまでずっと『Ｒｅ・ｍｕｓｅ』でスーツをつくり続けてくださいました。退職された後もジャケットをつくりに来てくださり、今でもずっとお付き合いが続いています。

ＮＯと言われることは悪いことではない。答えを聞かずに結果を後回しにしてもなんの意味もない。今はＮＯでも1年後にＹＥＳになる人だっている。自信を持っているのだから、買ってくださいと堂々と言えばいい。むしろ『Ｒｅ・ｍｕｓｅ』のスーツを日本中の人に着てもらうくらいの気持ちで挑むべきなのだというスタンスを、私はこの方から教わったのです。

それからの私は、まだお客さまになっていない人とお話しするときは必ず終了40分前に自分に問いかけるようにしています。

この人との面会がこれで終わって二度と会えなくなったときに、絶対に後悔しないか？

このときに、やり残したことや言いたいけれど勇気がでなくて言えていない言葉があれば、必ずそこで伝えるようにしています。

伝えたいことを言えない理由は断られて傷つくのが怖いからです。自分を守っているだけ。けれど、自分を守ることを優先した結果、後悔するなんてバカげている。もう二度と伝えたいことを伝える機会がないことに比べれば、断られて玉砕したほうがずっといい。勇気を持って伝えた言葉はきっと、相手の中に残ります。それが何年か後に花開くときが来るかもしれないのですから。

自分を守ることを優先すると、自分の可能性を閉ざしてしまいます。

「チャンスの神様には前髪しかない」というギリシャ神話の有名なことわざがあります。これは、通り過ぎてしまってから追いかけても、チャンスをものにすることはできないという意味です。チャンスや成長、信頼や愛など、本来手にできたかもしれないものを、自ら捨てているのと同じです。後からそれに気がついて取りに戻っても、大抵は間に合いません。

私は自分を守ろうとしてしまうときに、次の2つの言葉を思い出すようにしています。

「死ぬときに後悔するのは、やったことよりやらなかったこと」

「勇気は一瞬、後悔は一生」

いつもうまくいくとは限りません。失敗して痛みを覚えることもあるでしょう。ですが、その痛みはいつかあなたを大きく成長させます。自分を守ることで大切なものを捨てていないか、考えてみていただきたいと思います。

夢を伝えると起きること

「100年先まで愛されるブランドをつくる」

「人生を変えるようなスーツをつくる」

そんなふうに夢を語る中で、私はさまざまな体験をしてきました。

たとえば私はそのころから、ブランドをつくるのに100店舗もいらないという話をよくしていました。

そもそもブランドの定義というのは、店舗が多いことでも高価なことでもなく、需要と供給のバランスです。欲しいと言っている人が多くいるのに手に入らないからこそ余計に欲しくなるのです。

シャネルもヴィトンもエルメスも最初から100店舗あったわけではありませんし、100店舗つくったからブランドと認知されたわけでもありません。最初から数を目標にした経営をするのではなく、質を追求し続ける姿勢がブランドをつくるのだと考えています。

そういった話をすると、最初は私のことをただのミーハーで派手な格好をしたブランド品に憧れるギャルとしか思っていなかった人にも、どうやらそうではないと、一目置いてもらえるようになっていきます。

夢の力を借りて自分のビジョンを語ることで、相手の態度がひっくり返るという経験を私は今までに何度もしてきました。

とあるラジオ番組に出演したとき、こんなことがありました。

その番組のＭＣは名の知れた経営者と投資家のおふたり。そこにゲストとして呼ばれたのですが、初めに挨拶をしたときから、一体この女の子の何がすごいの？　と見下されていることが伝わってきました。

そんな空気の中、番組はスタート。しかし、私は一切動じずに、変な気を使うこともなく、普段通りの自分で彼らに向き合いました。圧倒的に不利な状況でもまったくそのことを気にせず自分を貫けたのは、夢を伝え、思いを伝えることによって現実がひっくり返るという経験をこれまでに幾度となくしてきたからです。

きっと番組が終わるころ、彼らは私に取った態度を後悔するだろう。そう思ってむしろその状況を楽しんでいました。

結果は私の想像した通りになりました。

自分が何者であるか。何をしようとしているか。そして、ここまで何をしてきたのか。白けた空気をものともせず、普段自分がお客さまに話していることを語り続けると、あれだけ私に興味がなさそうにしていたおふたりがやがて前のめりになり、途中からは質問攻めに。最後にはFacebookに友達申請とメッセージをいただき、「もっと詳しい話が聞きたいから連絡が欲しい」と言われ、その勢いにこちらがびっくりするほどでした。

こういった話をすると、それは私がすでにそれなりの結果を出しているからだと思われるかもしれません。ですが、そんなことはありません。私は駆け出しのときからずっとそうでした。

『Re.muse』では、年に一度、東京と大阪で『ヴィクトリークラブ』という集まりを開催しています。スローガンは「人の夢を笑わない、心の才能を養う場所」。

スーツを販売して終わりではなく、夢や目標を持って生きる人たちが集まれる場所を提供することで、相乗効果が生まれてくれたらうれしいという考えからはじめたことです。

『ヴィクトリークラブ』には「ヴィクトリーカード」というものがあります。会社名や役職名は一切書かず、書くのは自分の名前と人生の目的地だけ。

初めは経営者や投資家が多かった参加者も、今では学生から新社会人、主婦や起業家、政治家やインフルエンサーまで幅広い層の方々が参加してくださるようになり、「ヴィクトリースーツを着て自信に包まれて、自分の人生を謳歌していく」という共通項のみで集まっています。

そんな『ヴィクトリークラブ』の席で、長い付き合いのお客さまから、「勝さんは10年前からずっと同じことを言い続けている」「まだ誰にも知られていないときから、この人の言うことは何ひとつ変わっていない」と言われたことがあります。

その方も、最初は私が何を言っているのだろうと思ったそうです。ですが、会うたびに私からその話を聞かされるので、そのうち、「この人は本気でこの夢を実現しようとしているのかもしれない」と思うようになり、今では夢を叶えることを確信しているとお集まりの皆様の前でおっしゃってくださいました。

夢を伝えると、時にバカにされることもあります。心を挫かれるかもしれないと思い、なかなか口に出せない人もいるかもしれません。

けれど、それでも誰かに伝えなければ夢ははじまりません。あなたの本気が周りを動かし、そして周りの協力であなたの可能性が広がっていくのです。

ここまで書いてきたように、私も何度も残念な態度を取られてきました。それでもめげずに自分の夢を伝え続けてきたからこそ、今があるのだと思っています。

夢は人に笑われるくらいでっかいほうが、楽しいと思いませんか？

人に笑われながら多くの失敗と経験を重ねて、飛行機もインターネットもディズニーランドもできたのです。

夢を伝えると、夢が現実に変わっていくのです。

「夢やる詐欺」をしない

夢には賞味期限があります。

いつかこうなりたい、落ち着いたらこうしたい、将来こんなところに行ってみたい。しかし、言うだけ言って、実際には何も行動しない人がとても多いのではないでしょうか。

夢を口にして、多くの人に伝えましょうというお話をしましたが、口にするだけでいつまで経っても何も行動に移さなかったら周りはどう思うでしょう？　おそらく、次にあなたがそれを口にしても「どうせやらないだろう」と思われてしまうでしょう。

私はこれを「夢やる詐欺」と呼んでいます。

口にするだけで何もしない。もしくは言い訳ばかり並べて先延ばしにする。そういうことを続けていると、あなたの周りからはあなたを応援する人がいなくなっていきます。

協力者が誰もいない状態で夢を叶えるなんて、それこそ夢のまた夢になってしまうでしょう。

夢を誰かに語るのは気分のいいものです。しかし、同時に自分の言葉には責任を持たなければなりません。

なぜなら、人生を変えるのは、行動だからです。人生は思った通りになるのではなく、行動した通りになるのです。何も行動しなければ現実には何も起きないまま、ただ時間だけが虚しく過ぎていきます。

１００の言葉より、ひとつの行動。

夢があるならそのために行動しましょう。言葉だけ、思考だけではなく、現実に行動するのです。あなたのその行動が、道なきところに道を切り開き、夢を現実のものへと変えていくのです。あなたを何よりも語るのは、言葉ではなく行動だということをどうか忘れないでください。

成長という見えない利益に集中する

人生で最も大切なこと、それは、幸せに生きることです。

誰もが幸せになるために生きています。幸せになりたいから頑張っています。働くこともお金を稼ぐことも買い物をすることも、すべてが幸せになるためにやっていることです。ですが、残念ながらお金というものにはそれだけで人を幸せにする力はありません。お金は、自己表現のひとつのツールであり、何かとかけ合わせたときに初めて幸せを生み出すのです。

年収３０００万円の人と1億円の人の幸福度は変わらないという統計があります。そこからもわかるように、お金で得られる幸せには限りがあります。

もちろん、お金があるから得られることもたくさんあることは事実です。ですが、お金を重要視しすぎるともっと大切なことが後回しになってしまいます。

本当の幸せとは自分ひとりで叶えられるものではありません。自分が頑張ったことで誰かが喜んでくれたり、幸せになってくれたりすることで、人は幸せを感じます。本当の意味で自分が幸せになるためには、周りも同時に幸せにしないといけません。そのために必要となるのが、成長することなのだと私は思います。

あなたが成長すれば、それだけ幸せにできる人も多くなります。

幸せはさらなる幸せを生み、それはやがてお金だけでは得られなかったさまざまなものをあなたに与えてくれるでしょう。ですから、稼ぐことばかりにフォーカスしすぎず、人が喜んでくれること、人と一緒に幸せになっていくことをまず考えてみてください。

そしてもうひとつ、幸せを感じ続ける方法があります。それは、感謝をすることです。感謝はありがたいという気持ちなので、幸せであることに気づかせてくれます。常に感謝の気持ちを持ち続けるということは、あなたが常に幸せを実感していられるということなのです。

感謝にも成長にも、限度はありません。

あなたが感謝をしながら成長し続ける限り、幸せも生まれ続けます。

価格以上の価値を提供する

あなたは普段、どんな心構えで仕事に取り組んでいるでしょうか。

仕事の内容にもよりますが、もしマニュアル通りのサービスを提供すればそれでいいと考えているなら、価格以上の価値をどうやったら提供できるかを一度考えてみてほしいと思います。

自分のために一生懸命やってくれた人や、サービス以上の付加価値を提供してくれた人には、自然に何かを返してあげたいと思うものです。

価格以上の価値を提供する。私がそう決意してはじめたのが、先ほどもお話したオンラインサロンです。

月額制で、新聞を取る程度の費用で、3人の講師から金融、マーケティング、マインドの知識が得られ、専門性を身につけることができる『ヴィクトリーサロンオンライン』では、追加費用を一切支払わずに、メンバー全員が福利厚生を受けることができるシステムになっています。

事故に遭ったり、入院したり、出産したり、リストラにあったときに、一定の条件に当てはまる人に対して手当てを支給しています。私自身が起業をした当初は借金があったので、失敗したときやもしものときの責任を家族に背負わせたくないと思い、自分に保険をかけました。その経験から、サロンメンバーさんにも安心してチャレンジできるような環境を用意したいと思い、このようなサービスをはじめました。

毎月の福利厚生の管理費、サロン用のＬＩＮＥ配信費用、年に数回行う特別ライブの会場費用はオンラインとはいえホテルで１００人規模の講演会を開催するくらいのコストがかかりますが、もちろん参加は無料です。サロン運営に必要なプラットフォームのシステム手数料や3つのコンテンツを運営するためのスタッフも必要です。福利厚生での手当てのためにお金をプールしておく必要もあります。他にも言い出したら細かくランニングコストは積み上げられていきます。正直、利益度外視で、無料でもやろうという気持ちがなければできないことでした。それでも、私たち講師は圧倒的な価値を提供することでみんなに感動してもらえるような世界をオンライン上につくりたくて、このサロンをはじめました。

私にとって、サロンメンバーさんはとても大切な存在です。サロンを運営すればするほど、みなさんをもっと勝たせたいという気持ちが増していきます。
その結果、サロンメンバーさんとの間には深い絆ができ、私にとって大きな心のよりどころとなりました。さらには、サロンメンバー同士で新たなビジネスを立ち上げるなど、想像以上の化学反応が起こっています。

当初はどれくらいの人がサロンのメンバーになってくれるのかわからなかったので、利益は後回しとし、目的だけを見ようと話していましたが、ギブの精神が功を奏し、結果的に多くの人が仲間となってくれました。そのおかげで、サロン運営はボランティアではなく、事業として健全な運営を行うことができています。

価格以上の価値を提供することは、一見、自分が損をするように思えるかもしれません。しかし実際は、与えた感動が新たなものを生み出してくれるのです。

自分の可能性を信じ続ける

先ほども少し触れましたが、私が自分を貫けているのは、自分の可能性を終わらせたくないからです。

人生には大変なことが山ほどあります。やりたいことを見つけたら、たくさんの外的要因を含めてさまざまな困難に見舞われます。

お金が解決してくれること、周囲の人が助けてくれることももちろんあるでしょう。私自身、ここまでやってこられたのは、大勢の方々に助けていただいたおかげだと思っています。しかし、最初からそれを期待するのは違います。どれだけ大勢から手を差し伸べてもらったとしても、自分の可能性を信じ、進んでいく覚悟がなければうまくいきません。

私が以前、「NewsPicks」という番組に呼ばれたときにこんなことがありました。

その回のテーマは「未来のビジネスファッション　スーツは死ぬのか」。会場にはスーツに対して否定的な意見を持った学生たちがたくさん集まっていました。

大抵のスーツ屋さんは、ここに出演すれば針の筵《むしろ》だと容易に想像がつくので、絶対に出たくないテーマだったと思います。

実際この話を持ってきてくれた担当者の方から「こんなテーマに出たくないですよね、どこのスーツ店も出たがらないんです。すみません」と謝られました。

そのような状況で私がオファーを受けたのは、「誰かがこの業界のためにここで闘わなければならない。それができるのは自分かもしれない」と直感的に思ったからです。そもそもスーツが売れないこの時代に、それでもスーツを売ろうとしているのですから、その過程で反発を受けることもあると最初から覚悟はできています。

それに、これまでのスーツには、疲弊したビジネスマンが着ている印象や、個性を消されるようなイメージがつき、スーツが憧れとは程遠い位置にあることも十分理解しています。私も昔はスーツを着ることで自分らしさが消されてしまう印象を持っていたので、否定的な意見を持っている人の気持ちはよくわかります。けれど、そんな状況を変えたいからこそ私は『Re.muse』をつくったのです。

スーツを着ることで、着る前よりも自分に自信を持つことができる。よりよい未来を手にすることができる。そんなスーツがあるとしたら、これまでのスーツの概念を変えることができるのではないかと。

個性が尊重される、これからの時代を生き抜く人たちに自信を与えるスーツもあるのだということを知ってもらう必要があったのです。自分の夢を叶えるために。

知らない世界を知ってもらうのに、人に何かを言われるのは当然のこと。相手が悪いわけではなく、普通の反応です。それで意見を変えるような生半可な気持ちでは、何も成せないでしょう。たとえ全員が敵に見えたとしても、あなたがつくろうとしている世界を見せてあげられるのは、あなたしかいません。

だからこそ、人と違う意見でも、あなたはただ、自分の可能性を信じ続けていればいいのです。その貫く姿勢に、勝利の女神は微笑みはじめます。

番組がはじまり、案の定「スーツなんて死ねばいいのに」という意見が大半を占める中、私はひとりでスーツの良さを語り続けました。

スーツのように国や文化を越えて、世界中の正装になっている民族衣装は存在しないこと。そして、私たちがつくるスーツは着る人を自信に包むもので、「社畜みたいだ」と学生さんたちが言うものとは一線を画すものであることを。

アウェイだった空気が、次第にこちら寄りになってきました。思いはちゃんと伝わっている。そう安堵しかけていたそのとき、司会者からマイクを向けられた男子学生がこう言ったのです。

「スーツなんてなくなったらいいのに」

ここまで言葉を尽くして、対話も積み上げて、それでも最後にそんなふうに言われてしまうのか。私はそこで彼にこう言い返しました。

「じゃあ3年後うちに来て。人生変えたるわ」

その瞬間、スタジオの空気が完全に変わりました。

番組が終わった後、スタジオを出たところで私は呼び止められました。振り向くと、そこには先ほどの学生が立っていました。

「いつか必ずお店にスーツをつくりに行きます！」

息を切らしながらそう言った彼の笑顔を、今でもはっきりと覚えています。

誰に何を言われても、たとえその瞬間に同意が得られなかったとしても、この先どこかで、「あの人が言っていたことって、こういうことだったのか」と思ってもらえる瞬間がきっと来る。そう信じて、ひたすら思いの種を植えていくしかないのです。私が伝えた言葉は、ちゃんと彼に届いていました。

もちろん、人間ですから自分を信じられなくなるときもあります。失敗することもあります。私自身、何度も葛藤して眠れない夜を超えて、そうして少しずつ揺らがない強さを身につけてきました。

このときの出来事も、自分の強さを養うひとつの糧になったと思っています。

創業当初、夢を追いかけはじめると失うものが多いと知ったとき、そもそも生まれたときには何も持っていなかったことに気がつきました。

生まれたときに持っていたものは、可能性くらいだと。

そのときに私は、人は自分の可能性を信じることができればなんだって乗り越えられるのではないかと思ったのです。

たとえあなたが今、人生のどん底にいたとしても、あなたの可能性が消えることはありません。自分の可能性を信じて行動していれば、やがて周りがあなたを信じてくれるようになります。するとあなたが自分を信じられなくなったとき、周りがあなたを信じてくれているということがエネルギーになり、また歩いていけるようになります。

夢という曖昧なものを揺るぎないものに変える方法は、あなたがその夢の可能性を強く信じることです。自分なら、できると。

あなたなら、できます。

第5章

原動力は幸せではなく恐怖

切羽詰まったときこそ、自分を知る糸口が見つかる

一度離れたファッション業界に再び私を呼び戻したもの。それは父の死でした。

ファッションが大好きだった私にとって、アパレルでの仕事はとても楽しいものでした。しかし、父が他界した後、突然すべてが嫌になってしまったのです。天職だと思っていた仕事をやめてしまった私はしばらく何もする気になれず、ただただ悲しみに暮れていました。

やがて少しずつ日常を取り戻していく中で、自分にとって大切なものはなんだろうと考えたときに、浮かんできたのはやはりファッションのことでした。

単に好きとか楽しいという感情ではなく、ファッションというものが自分に大きな

充実感を与えてくれる、自分が生きるうえでの存在意義になっている――そのことに気づいたのです。

自分にとって、絶対に手放せないものはなんなのか。父の死は、それを私に教えてくれました。

こうして再度ファッションに関わる仕事をしようと決めた私は、オーダースーツ店に就職します。そして、ここでの経験が、後に私が『Re・muse』を立ち上げるきっかけとなったのです。

第3章でもお話ししましたが、このオーダースーツ店は驚くほどひどい職場環境でした。フィッターは専門職のはずなのに、研修すらなく、最低限のことだけを教えられていきなり接客をさせられるという有り様。技術も身についていない、何が正しいのかもわからない。お客さまを幸せにする仕事をしたいと思っているのに、自分がやっているのは中途半端な仕事……それまで得意だった接客をすることも怖くなり、私は次第に消極的になっていきました。販売すればするほど、本当にこれでいいのだろうかという気持ちにさいなまれていったのです。

そんな私を変えたもの。それは、職人さんたちとの出会いでした。
お客さまに直接会うことはないけれど、それでも1着1着、心を込めてつくっている職人さんたちの姿勢と情熱に、私はハッとさせられたのです。

自分たちは一体何をやっているんだろう……?

こんなにも心を込めて丁寧につくられたスーツを安売りし、回転率を上げるために1分でも早く接客を終わらせる。そんなスーツ業界の現状に疑問を覚えました。
この職人さんたちの情熱を余すことなくお客さまにお届けするのが、直接お客さまと触れ合うことができる私たちの仕事のはず。そのために、誰かのせいや環境のせいにするのをやめ、まずは自分ができることをしよう。

それから私はスーツの技術を習得するため、仕事中に手が空いているときは自分の体にメジャーを当てて測るなどして、過去のオーダーシートを見ながらどれぐらいの寸法だとフィット感があるのか、着心地がいいのか、統計を取りながら研究を重ねました。その傍ら、夜はパーソナルカラーと色彩の学校に通う生活をはじめたのです。

スーツづくりを学び、経験を積んでいくことで、私は次第に自分への自信を取り戻していきました。

その一方で、自分の未来に漠然とした不安を感じはじめていました。

アパレル業界の中で、販売も経験し、スーツもつくれるようになった今、次に私は何をしたらいいのだろうと。

これ以上、新たに身につけたいと思える専門知識や技術は見当たらず。自分が本当に夢中になれるものを見つけないと、人生が終わってしまう。そんな焦燥感のようなものがだんだんと自分を支配しはじめているのを感じていました。

では、自分が夢中になれるもの、本当にやりたいことってなんなのだろう？　そう自問自答したときに出てきたもの。それが、スーツを通して人生が変わるような体験をお客さまに提供したいという想いでした。

ですが、残念なことに、当時働いていたお店ではその夢を叶えることはできません。他のアパレル企業やオーダースーツ店からヘッドハンティングのお話をいただくこともありましたが、そこも、自分が目指すスーツや接客をお客さまにお届けする場所とは違っていたのです。

自分がやりたいことをやれる場所は世界中どこを探してもないのかもしれない――。選択肢が多くある状況では、このひとつに賭けてみようという気にはなかなかなれないものです。ですが、選択肢がまったくなかったとしたら、自分で新たな答えを探すしかありません。

切羽詰まった状況に追いやられてしまった私が辿り着いた答え。それは、自分でその場所をつくるということでした。

もしあなたが切羽詰まった状況に追い込まれたときは、ぜひ諦めないで自分と向き合ってみてください。そして、自分の本当の望みに耳を傾けてみてください。そうすれば、本当にやりたいことが閃くかもしれません。

目指すのは尻上がりの人生

どれだけ努力をしても、何かを貫く過程ではさまざまな壁に当たることもあるでしょう。

もしも、あなたが目標に向かって貫こうとしている過程でうまくいかないことが続いたとしても、落ち込まないでください。最初からうまくいく人などいません。また、うまくいかなかったときの経験が学びとなり、それが成功へとつながることはよくあります。その出来事だけを見るとつらいかもしれませんが、そのときのあなたに必要なことを教えてくれているのです。たとえうまくいかなかったとしても、それが当然くらいの心構えでいればいいのです。

私もこれまでに幾度となく心が折れてしまいそうな経験をしてきました。

銀座店を立ち上げてすぐのこと、新型コロナウイルスが流行しました。それがきっかけとなり、お客さまが来店しない日々が続きました。売上は低迷し、毎月のランニングコストがそのまま赤字となり、これまで数年間かけて積み上げてきた利益があっという間に溶けていきました。コロナ禍でお店を開けていると、それだけで「悪」というような空気が社会全体に広がり、新たに採用した社員ふたりが入社から1か月ほどでやめてしまうという事態に。生み出すのは命がけなのに、崩れ去るときは一瞬。そう感じるほどどん底の状態にいました。そのような状況で自分の会社をどう守っていけばいいのか、何が正しいのかもわからず、誰も答えを持ち合わせていない。そんな状況でも迅速にさまざまな判断をし続けなければなりませんでした。

全体最適を考え、道筋を立てても、何が正解なのかわからないため、最後は自分が納得できる判断をするしかありませんでした。たとえその判断が全員の合意を得られるものでなかったとしても、自分が納得して下した決断でなければ、最後まで貫き通すことができないからです。

決断をすれば、良くも悪くも答えが返ってきます。やめる人もいれば、それでもついてきてくれる人もいる。売上が上がるときもあれば、伸び悩むときもある。あのときこうするしかなかったと頭ではわかっていても、心が追いつかないことだってある。どうしてうまくいかないのかがわからないときには、自分は経営者に向いていないんじゃないか、誰かに会社の経営を任せて自分は販売員をしたほうがいいんじゃないか。そんなふうに考えたこともありました。

けれど、そんなときに思うのです。

「おまえの本気はその程度のものなのか?」と。

そして昔、大学生に聞かれたある質問を思い出します。

「勝さんにしかできないことってなんですか?」

このとき私は即答しました。

「株式会社ｍｕｓｅの代表取締役」だと。

そして、コロナ禍での最悪の状況でも、会社を存続させていくために奮闘し続けました。なぜなら、会社が潰れるのは、負債を抱えたときでも、客足が遠のいたときでも社員がやめたときでもなく、経営者が諦めたときです。

夢を実現させるのも自分なら、手放すのも自分です。自分を信じるのに理由なんて必要ありません。諦めなければ突破口は見えてきます。

夢を叶えよう、何かを貫こうとすると、大変でしんどいことがたくさん出てきます。ですが、忘れないでいただきたいのは、あなたの本気を誰よりも知っているのは、あなた自身だということです。あなたを一番に励まし、気合いを入れられるのはあなた以外にいません。いくら人に励まされても、最後は自分で立ち上がらなければ歩いてはいけないのです。人が見たいのは、あなたが落ち込んでいく姿ではなく、そこからどう這い上がってくるかです。

たとえ今うまくいっていなくても、心配しないでください。

あなたが立ち上がり続ける限り、どこからだって逆転はできます。

人生は、もう立ち上がれないと思ってからが勝負です。限界の先には成長が待っています。

私は一番カッコイイのは尻上がりの人生だと思っています。

もしも失敗したら、「うまくいかない方法がひとつわかった！」と思って、気持ちを切り替え、次の方法を探せばいいのです。いつかあなたが頑張ってきたことが実を結んだとき、きっと今の苦労は一番の見どころになります。そう思ったら、苦労も悪くないと思えませんか？

人生は、起こった事象そのものではなく、捉え方次第で変わります。無理だと思えば無理になり、叶うと思えば叶う。失敗する日もうまくいかない日もあるでしょう。けれどそんな日が最低な1日というわけではありません。そこに必要な成長があったのであれば、そんな日さえも後から思い起こせば記念日になるかもしれません。

重要なのは能力の差ではなく、どの角度から物事と向き合うかの違いです。どう向き合うのか、それ次第で失敗も成功への糧となります。

全力で走って、つまずいて、それでも立ち上がって、また走り出す。あなたが貫く過程で起きることは何ひとつ無駄にはなりません。むしろ、その積み重ねが、尻上がりの人生の礎となっていきます。あなたが本気であればあるほど、そんなあなたの姿に勇気づけられたと言ってくれる人、あなたを応援したいと言ってくれる人が現れるでしょう。

思考の距離と時間軸

あなたにとって、人生で一番大事にしたいことはなんですか？

私がそれを考えるようになったのは、人生の終わりを意識したことがきっかけでした。

一度目は、腎臓の治療がうまく進まず、このままでは人工透析になるかもしれないと告げられた6歳のとき。透析をはじめればそれまで以上にさまざまな制限を受けます。それならもう終わりにしたいと思ったのです。

幸いなことに私は人工透析になることはなく、無事回復することができましたが、このとき初めて死を意識したことで、幼いながらも思考の距離が一気に伸びた感覚がありました。

二度目は父が病気で余命宣告をされたとき。

あまりに突然のことでなんの覚悟もできていませんでした。あまりコミュニケーションを取ってこなかったことを後悔したときにはもう遅く、父はあっという間に旅立ってしまいました。

そして、三度目は大きな交通事故に遭ったとき。

当時オーダースーツ店に勤めていた私は、その日は店舗ではなく工場に向かう予定で駅まで原付で走っていた際、クルマと衝突。地面に激しく叩きつけられ、意識不明で病院に運ばれました。

普段、人はほとんど死を意識することはありません。人生はいつか終わるものだと頭ではわかっていても、その終わりを肌で実感することなどあまりないからです。ですが、身近な人を失ったり、自分が死ぬかもしれないという経験をしたとき、思考の距離は一気に「死」を意識するところまで伸びます。

『Re.muse』を立ち上げて迎えた、最初の夏。

私は、この夏を人生で一番営業した夏にしようと決めていました。

生と死が隣り合わせであることを、父の死、そして自分の事故からあらためて感じ取ったことで、悔いのない人生を送ろうと思ったのです。

当時の私は28歳。本気で営業できるのはあと何年だろう。元気いっぱいに動けることを想定するとおそらく25年ぐらいなのではないか。ということは、夏に営業できるのはあと25回しかない。25か月と考えると、およそ2年しか全力で営業できないことになります。そう思ったら、1回の夏がものすごく貴重なものになりました。私はその夏、もうこれ以上は絶対にできないと思うまで、全力で営業をしました。

まだまだ大丈夫、いつでもできる。そう思っていたら、きっとそこまではできなかったでしょう。まだ後があるという考え方は、使いどきを間違えると妨げにしかなりません。

それに私たちは、同じ1年でも年齢を重ねるにつれ、ある変化を感じるようになります。それは、1年という時間の体感値が変わるということです。若いときに比べて圧倒的に1年が早く過ぎていきます。みなさんも体感しているはずです。これは、未経験のことが減ることで人は時間の流れを早く感じる現象なのだそうです。

先ほどの営業の話で、元気いっぱいに行動できるという前提条件を定めたのは、人生の前半と後半の時間が平等ではないからです。後半の私たちには、若いときと同じ容姿も食欲も体力もなければ、行動力もないでしょう。

年齢を重ねるにつれ、人は時間という資産を持てなくなります。20代からの10年と、60代からの10年はまったく別の10年です。どうあがいても体感値の進行を止めることはできません。だからこそ、そのことを理解し、時間資産を意識して生きることが大切なのです。そのほうがあとで「あのときこうしていれば」「自分がもう少し若ければ」「あと10年あったら……」というような人生の誤算を減らすことができます。

私は常にこの時間資産を意識して行動しています。28歳からの5年間、死に物狂いで働いたのも、10年かかることを5年で、3年かかることを1年でやる。そう思っていたからです。また、年齢的にもまだそのようにストイックに走ることができました。今は、同じように走ることはできませんが、そのときの頑張りで担保した時間に助けられているように思います。

人生の終わりを意識した時間軸を持つことで、貫き具合は格段に上がります。簡単に妥協できない、簡単にやめられない。今しかない、今やろう。そういう意識が働くようになるからです。

人生は長いようで短いものです。それを意識せずに生きていると、それこそあっという間に終わりを迎え、後悔することになってしまいます。

あなたは、どこまで先のことを想像して行動できていますか？　どこまで深く物事を考えて決断をしていますか？

思考の距離を伸ばし、限りある人生の時間でより充実を感じられるよう、人生という時間軸で考える意識を高めていきたいですね。

残り時間を可視化する

思考の距離を伸ばして自分が死ぬまでの時間軸を持って生きる。それができれば、自分がいつ何をやるべきかが見えてきます。

たとえば残り50年生きるとしたら、やりたいことをやれる時間はどれぐらいか。人生１００年時代とはいいますが、思う存分チャレンジできるのは健康な間だけ。残りは自分がつくるのではなく、見守ったり与えたりする時間になります。

そう考えると、自分がクリエートできる時間は案外短いことに気づくはずです。

私は自分の残り時間を可視化するため、お店に１００年カレンダーを貼っています。

『Ｒｅ・ｍｕｓｅ』を創業した２０１３年8月23日からはじまって、２１１３年の8月23日まで。そのカレンダーには３つの印がつけられています。創業した日とそこから１００年後。そして私が死ぬ予定の日です。

私は88歳の３月21日に死ぬと仮定して、そこまでの間に自分が何をできるかを意識して動いています。

カレンダーは１年が１ブロックになっており、10ブロックが横一列に並んでいて、それが10列あります。創業からすでに10年が経ち、10個のブロックの横一列の色が塗られました。

88歳まで現役でいるのは難しいですから、実際に仕事ができるのはもっと手前、68歳ぐらいまでと考えると、残りは30ブロックほどで、列で見るとたったの３列となります。こうして人生の時間という希少資源を可視化することで、残り時間を有意義に使おうという意識が働きます。

この１００年カレンダーは、事務所、大阪店、銀座店、すべてに貼って忘れないようにしています。

ワーク⑤

カレンダーで残り時間を可視化する

抽象度を上げて、自分の人生を俯瞰で眺めてみましょう。

終わりまでにどれぐらいの時間があるか。その間に何をやっておきたいか。想像力を駆使して、全体像をイメージしてみてください。

イメージができたら、自分の残りの人生を可視化するため、カレンダーをつくってみましょう。

残りがだいたい50年ぐらいだと仮定するなら、その50年をカレンダーにしてみてください。1年をワンブロックとし、50ブロック作成します。

カレンダーは何ページかに分かれてしまうものではなく、1枚で見られるものが理想です。ちょっと手間がかかってしまいますが、大きな模造紙などでつくるのがおすすめです。

カレンダーができたら、自分の人生の最後の日に印をつけて、自分が元気で自由に動き回れる時間があとどれぐらいあるか考えてみましょう。その元気な期間と、最後の10年とで色分けをすると、さらに人生が段階付けられます。

そうすることで見えない現実を可視化できるので、人生という時間軸で考えやすくなります。持つべき緊張感が生まれ、いつまでに何をやるべきなのかが少しずつ考えやすくなってくるでしょう。

恐怖を利用する

ここまで、残り時間を可視化すると時間というのは有限であることに気がつくというお話をしてきました。人生がいかに限られているかを目の当たりにするのは、死を意識することと同じです。それは人にとって恐怖であり、行動するきっかけになります。

私が現在までさまざまなことを貫いてこられた要因のひとつとして挙げられるのは、恐怖を原動力にできたということです。

これをやらなかったら自分で自分のことを嫌いになってしまう。自分を信じられなくなってしまう。そんな思いは絶対にしたくない。そんな恐怖にも似た感情は、強い動機付けになります。

幸福はプラスαです。幸福度を高めることは人生にとって重要ですが、極端な言い方をすると、なくても死にはしません。人は今幸せなのに、わざわざ非凡な行動やリスクはとれないものです。しかし、恐怖は違います。

人は新たに得られるものよりも、今あるものを失うことに対して敏感です。

幸せへ向かうことだけが貫く原動力に変わるわけではなく、時にそうはなりたくないという恐怖や、不快なことから離れて快適な場所へ向かいたいと願う気持ちが、原動力となり、貫く力に変わることもあります。

私が28歳でお店を出すと決めたひとつのきっかけも、自分の人生に満足していなかったからです。認めたくありませんでしたが、幸せではなかったのです。この居心地の悪い人生からの脱却という、とてつもなく大きな負の感情が原動力となりました。起業しお店を構え退路を断って、その恐怖の前に自らを立たせました。いつでもやめられる。いつでも引き返せる。そんな感情は一切ありませんでした。後ろを振り返っても、戻りたい場所など私にはなかったのです。

腹を決めるには、私のように退路を断ってみるのもひとつの手です。自分をあえて追い込み、退路を断つことで、覚悟も違ってきます。人は弱い生き物ですから、逃げられる場所があったら逃げてしまいます。

恐怖自体は、うまく利用して貫くための肥やしにできれば、悪いものではありません。挑戦することが怖くて不安で、踏み出せないのですがどうしたらいいですか？と聞かれることがありますが、その気持ちに抗おうとせずに、当然だと理解することです。最初の挑戦は特に、どう考えても怖いに決まっていますから。初めは多くの人が経済的余裕も成功体験もありません。それなのに不安がないという人のほうが、現実が見えていないようで心配になります。

このとき、目の前にある恐怖は当たり前のことであり、誰でも感じるものなのだと理解するだけでも、恐怖心を克服するのには有効です。みんな同じですから、自信を持って前に進んでください。

腹を括っているのは自分だけじゃない

昨年、実家に帰った際、母から言われたことがあります。

「あなたのお店が潰れてしまったときのために、お父さんの保険金を使わずにとっておいたの。だけど10年経ってもあなたのお店は潰れなかったわね」

これまでどんなときも私を見守り、励まし続け応援してくれた母ですが、まさかそこまで覚悟を決めてくれていたとは思ってもいませんでした。

母は今年で80歳になります。もしその保険金を借金の清算に使ってしまったら、何かあったときにどうするつもりだったのか。そう聞くと、母はあっけらかんと、「足りなければ働けばいいと思っていたわ」と笑いました。

大阪に最初のお店を出したときも、東京に進出したときも、母は私に何も言わなかったけれど、いつも私と一緒に腹を括ってくれていたのです。静かに、たったひとりで……。

私はこのとき、自分の周りにいる人たちもまた、恐怖や不安を一緒に背負ってくれているのだということを初めて知りました。

それを知ったら、なおさら中途半端なことはできないと思ったのです。

そばで見ている人たちだって、時には怖いと思うこともあるでしょう。大丈夫かなと心配になっても、チャレンジしている本人じゃないからできることには限りがあります。それでも信じて頑張れと応援し続けることは簡単ではありません。

これまで口出ししたくなるときが幾度もあったと思います。けれど母はそんなことはせずに、ただ味方でいてくれました。そんな母からの言葉を少しだけご紹介させてください。

「生きていれば、つらいことや悲しいこと、いろいろな問題がたくさんあるけれど、あなたの頑張っている姿や、ＹｏｕＴｕｂｅを見れば、お母さんはすぐに幸せだと思い直すことができるの。生きる力が湧いてくるの。寝ている場合ではないと、起き上がることができるの。いつも幸福をわけてくれてありがとう。幸せな気持ちにさせてくれてありがとう。テレビや雑誌であなたを見ていると、たまに、本当に自分の娘なのかわからなくなるときがあるけど、それは成長を遂げたということだね。大きくなって、伸びていって、努力をすればするほどの見返りがある。その分の苦労は、もうあなたにしかわからない大きさでしょう。けれど、うれしい苦労ね。どんなにお金持ちでも、幸せな人でも、人間である限り、心の中には悲しさや満たされない心があります。あなたがそんなときは、お母さんの愛情をあげます。いつでも飛んでいくからね」

夢というのは巻き込む人が多くなるにつれ、自分だけのものではなくなっていきます。特に最初に応援してくれる人や早い段階で仲間になってくれた人というのは、あなたに対して深い愛情を持ってくれている人です。

自分がどんな決断をするかで、応援してくれている人たちの人生さえも変えてしまう。それがわかると、気持ちが引き締まり、諦めるものかと力が湧いてきます。そして、そんな気持ちが自分をさらに奮い立たせてくれるのです。

母は毎日のようにＬＩＮＥをくれます。高齢なのに使い慣れない携帯を覚え、ＳＮＳを覚え、Ｉｎｓｔａｇｒａｍをチェックし、一番の味方でありファンでいてくれます。母に限らず、そんなふうに私を見てくれている人たちのためにも頑張ろうと思えるのです。

さらに母は、80歳手前の今でも、先ほどご紹介した時間資産を意識して行動しています。ジムに通い、なかなか上達しないピアノを諦めることなく継続し、これもあまり上手ではないのですが（笑）、囲碁の大会では常に優勝を狙い、中学校の図書室でボランティアをし、なんと、いつの間にか自分で小さな事業もはじめていました。その事業で最初に稼いだお金は数万円ですが、自分の力で稼いだお金は格別です。とてもうれしそうに、今度ご飯をご馳走したいの、そう言って私を誘ってくれました。

そんな母から学ぶことは多く、先のことを難しく考えすぎずに、行動できるバカでいるほうがいくつになっても楽しそうだなと思います。年齢を重ねると行動を起こすエネルギーは若いころより必要になりますが、若いときと同じ条件とはいかなくとも、何歳からでもチャレンジはできるし、人生を楽しくするのは自分次第だと、母を見ていると思います。

知らないうちに自分の幸せに制限をかけてしまっている人がいますが、そのリミッターは不要なものです。今すぐ外しましょう！

私は父の分まで母に親孝行をしたいと思い過ごしてきましたが、親孝行などどれほどしてもし切れないものだと気づきました。母がこの世からいなくなってしまうことを想像すると怖くてたまりませんが、だからこそ、原動力に変えようと思うのです。

きっと一番の親孝行は、安心させてあげること、私が幸せでいることだと思います。そんな私の幸せを彩っているこの夢の会社を守ることが、応援してくれる母への親孝行にもつながると思っています。

みなさんももしくじけそうになったら、あなたを応援してくれている人のことを思い出してみてください。そのような人たちの存在が、あなたを奮い立たせ、貫く力を与えてくれるでしょう。

想像力が持つポテンシャル

今から目の前にある森をあなたの理想の形にデザインしてください。
もしそう言われたら、あなたはどこから手をつけますか？

いきなりチェーンソーを取り出して、無計画に木を伐りはじめる人はたぶんいないでしょう。そんなことをしたら、森全体がガタガタになってしまいます。

おそらくあなたは、まずどんな森にしたいかデザインを考えると思います。

森の一部を開拓して公園や噴水、花壇や農場もつくりたい……わくわくしながら図面を描きはじめたところであることに気づきます。

この森って、一体どんな形をしているんだろう……？

森を理想の形にするには、その全体像を知らなければできません。ですから、まずはデザインよりも先に森全体を俯瞰で見る必要があります。

人生も同じです。

目の前のことしか見ずに行動すると、後悔先に立たず、という状態になることが多くあります。

まずは抽象度を上げて、人生全体を俯瞰で見る必要があるのです。

そのために必要なのが、想像力です。

仕事ができる人とできない人、人間関係が円滑に運ぶ人とそうでない人、リスクマネジメントできる人とできない人、人生がうまくいく人とそうでない人。その違いは、想像力の差にあります。

想像力のある人は、まだ経験していない未来のことや現実では起きていないことを思い描く力があり、2歩3歩先まで考えて行動することができます。また、今当たり前だと思われている前提を疑って考えることで、新たなサービスを生み出すこともできます。

私自身、男性社会だった業界で女性でテーラーをはじめ、売れないと言われていたレディースのオーダースーツ市場に切り込み、そのような固定概念をひっくり返して少しずつ成果を出してきました。その結果、今では多くのスーツ屋さんがレディーススーツに力を入れています。

そして想像力を持つことは、人的トラブルや小さなエラーを格段に防ぐことにも役立ちます。

上司だったら、社長だったら、営業担当だったら、お客さまだったら……あらゆるステークホルダーになって、多角的な視点を持つことで、相手のリアクションから求めているものを想像することで、気持ちを汲み取れるようになり、先回りして行動することができるからです。

また、先回りしてリスク予想ができるため危機管理ができ、それにより対応策も準備できることからイレギュラーな出来事にも強くなります。仕事全体を見通すことで、タスクの優先順位をうまく立てられるので、効率よく業務を進められます。仕事を頼まれた際も、相手が欲しい情報は何かを先に考え、相手に手間を取らせないよう準備ができます。

これだけでも十分、想像力を養うことがなぜ仕事や人生を豊かにすることと結びつくのかわかっていただけると思います。

人間関係が良好になり、何事もスムーズに進めることができる、そんな想像力が持つポテンシャルは計り知れません。想像力を高めることは、必ず人生の役に立ちます。そんな想像力の高め方は、当然ですが、想像することです。自分以外の人の視点を持つという意味では、あえて自分とは違う意見の人を対象に、なぜそう思うのかを想像してみたり、たくさんの人が所属するコミュニティやサロンに入り、多様な人の価値観に触れてみたりするなどしても鍛えられます。

私は街中で広告を見かけると、なぜここに広告を出したのかを想像し、行列店を見るとなぜこのお店はいつも行列ができるのかを考え、実際に行って体験してみたりしています。その他にも、なぜここにお花を飾っているのかなど、見えないものの経緯やイメージを膨らませて、仮説を立てることも楽しんでいます。

想像力を鍛える秘訣は、興味を持つことです。人に対して、物事の背景に対して、来るべき未来に対して、まずは興味を持って私のようにゲーム感覚で楽しみながら習慣にできたらしめたものです。

この仕事がこうなったら、その先どうなるんだろう？

いつも想像している範囲の2歩先、3歩先まで考える癖をつけてみてください。そうすることで、人生に少しずつ変化が生まれてきます。

ワーク⑥
目的・目標・現在地を洗い出す

ここまでのさまざまなワークを通して、自分のやりたいことがひとつでも見つかったら、それを目的・目標・現在地という形で表してみましょう。まだ見つかっていない方は、見つけたときの参考にしてください。

以前、私のYouTubeチャンネルで「VICTORY GIRL」という企画をやったことがあります。人生を変えたい女性をオーディションで選び、3か月間やりたいことのために人生を変えるべくチャレンジしてもらうというものです。

オーディションを経て選ばれた女性には、歌手として歌を歌いたいという夢がありました。そこでまず彼女にやってもらったことが、自分の目的・目標・現在地を明らかにすることでした。

彼女の目的は、歌を歌い続けること。自分に自信をつけること。より多くの人たちに自分の歌を届けること。

しかし、そのときの彼女はふくよかな自分の外見に自信が持てず、また自分の歌を披露する場もない状態でした。すると、現在地はこうなります。

歌唱力は高いけれど、まだレベル不足だと感じる。外見により自分に自信が持てない。誰にも存在を知られていない。

では、そこから目的地に辿りつくためにはどうしたらいいのか？　それを考えれば、やるべきことが見えてきます。

彼女の場合は、ボイストレーニングに行く。ダイエットして3か月で10kg減量する。ＹｏｕＴｕｂｅチャンネルを立ち上げ、歌を届けられるプラットフォームをつくる。というものになりました。

目標達成までに定めた期間は3か月。この3か月の間にボイトレの先生やダイエットトレーナーの方などの力もお借りしながら、目標をひとつずつクリアしていきました。

その結果、3か月後に見事マイナス10キロのダイエットに成功し、ボイトレでパワーアップした歌唱力で150名の前で歌を披露し、YouTubeチャンネルを開設したことで、大好きな歌を届けられる場所を手に入れたのです。

彼女ががむしゃらに努力したこの3か月間は、その後の人生に大きな影響を与えています。途中で投げ出したくなるときもありましたが、多くの人が彼女にエールを送り、その励ましの声が大きなモチベーションとなっていました。ここでも、目標を人と共有し退路を断つこと、応援してくれる人の存在が貫くうえで大きく作用しました。

彼女は本当によくやり切ったと思います。

夢や目標があっても貫けない原因のひとつは、その達成イメージや経路が描けていないからです。現在地が見えていないことで、何からはじめたらいいのかわからず、なかなか踏み出せない。踏み出しても無計画では途中でつまずいてしまいます。

このワークを使って、自分の現在地を知り、目的地に到達するまでに何が足りないのか、何が必要なのかを洗い出してみてください。そのときに大切なのは、点ではなく線でイメージすることです。そのために、Bの目標を達成するまでの期日も一緒に決めてください。

目的を達成するために日々の目標をクリアしていくことができれば、それは自己効力感を養うことにもつながります。その結果、自己肯定感も上がり、貫く力が身についていくでしょう。

目的に向けてやるべき目標を決めましょう！

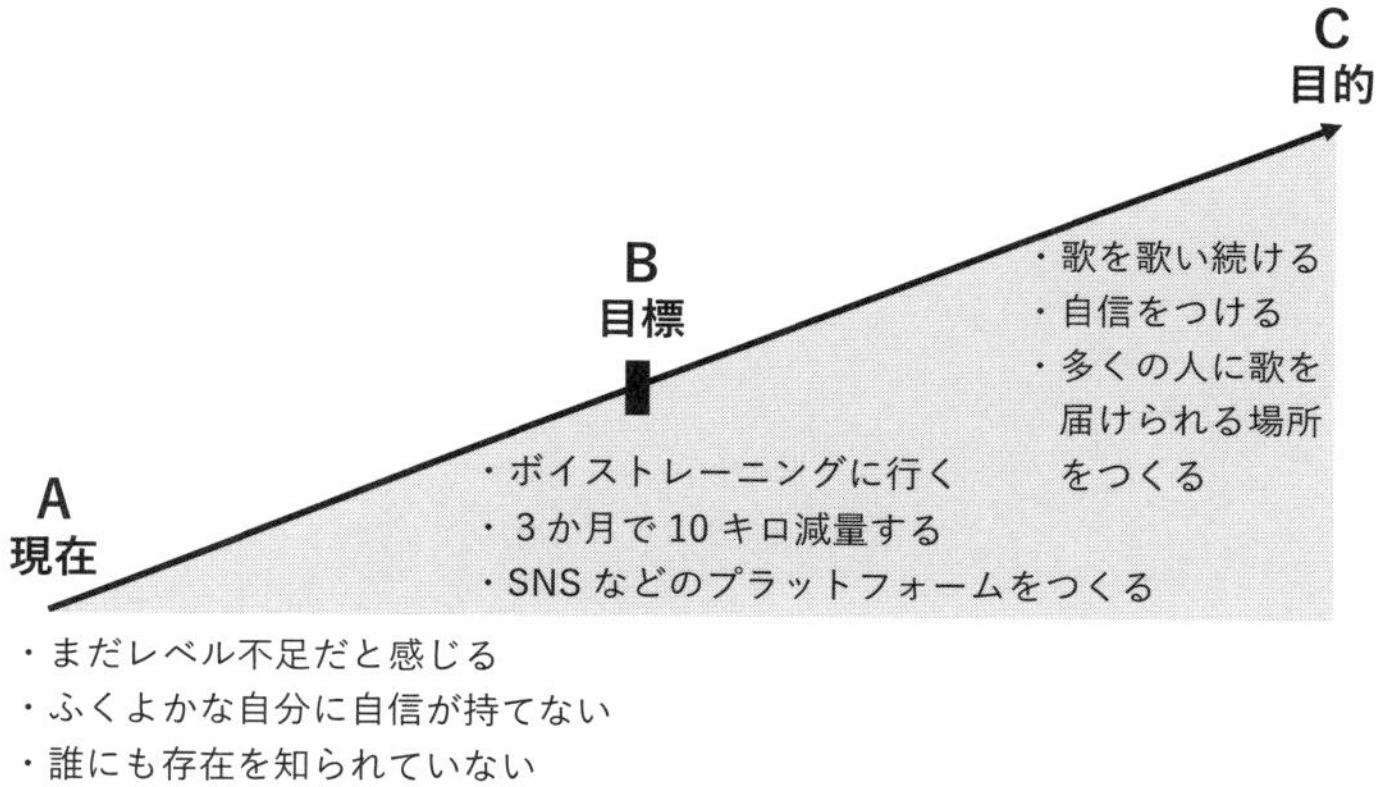

【あなたの場合】

A 現在	
B 目標	**※期日：　　　年　　　月　　　日**
C 目的	

第 6 章

最後に出会うのは自分

序章でも触れましたが、私は昨年、日本人テーラーとして初めてパリコレクションに出展しました。私たちが出展したパリコレは、国際的なデザイナーを支援することに特化したもので、新しいブランドの国際メディアでの知名度を上げる目的で運営しているプラットフォームのものでした。ハイブランドと同様のステージではありませんが、日本人がパリに挑むことは大きな快挙でした。

『Ｒｅ．ｍｕｓｅ』を立ち上げ10年の節目の集大成として挑んだパリで、ここまでお伝えしてきたことを実体験する機会がたくさんありました。

ここであらためて、そんなパリコレクションへの参加を通じて学んだことをみなさんにシェアさせてください。

そもそも「１００年先まで愛されるブランドをつくる」と掲げたゴールを、私はまだ10分の１しか達成していません。ですが、このゴールを設定してここまで貫き続けていなければ、今回のオファーが来ることもなかったでしょう。ひとつひとつの選択を迫られたときに、そこに近づくための答えを出し続けてきたからこそ、ゴールにつながる道ができたのだと思います。

世界の有名ブランドと比べるとあまりにも自分がちっぽけで、夢を語ることが恥ずかしくなるときもあります。けれど、今では足元にも及ばないような雲の上のどんな有名ブランドも、はじまりは小さな場所で大きな希望を胸に抱いていたのだと思います。今から約110年前に帽子のアトリエからはじまったシャネルも、その当初には誰も今の未来を想像していなかったでしょう。夢を見るのは自由です。それがどれだけ大きなもので人に笑われようとも、大志を抱き進む人生が喜びを教えてくれます。

いつか、世代を超えてなお愛される存在に『Re・muse』を昇華したい、そんな思いでここまでやってきました。

そのため2018年にミラノコレクションへの参加が決まったときも、今回のパリコレクションへのオファーを受けたときも、私自身はとても冷静で、どこか淡々とした気持ちでそれを受け止めていました。

夢を叶えるための長いマラソンを走る中で、神様が定期的に与えてくれるご褒美のように感じていたからです。

チャンスは待ってくれない

パリコレへの出展オファーは、ある日突然とある企業から届きました。

これまでに多くの新興ブランドを世界各国のファッションウィークへ送り出してきたというその企業は、海外に本部があり、やりとりはすべてオンライン。日本に担当者はいません。

いきなり舞い込んできた信じられないオファーに加え、聞いたことがない企業。そして担当者と会えないなどの条件が手伝って、疑心暗鬼だった私は、実在する企業であるというさまざまな証拠を提示してもらいましたが、そんなものは捏造しようと思えばいくらでもできます。

もし詐欺だったら……？

脳裏に浮かぶ最悪のシナリオ。しかし、常に安心して進めるような環境ばかりが用意されているわけではありません。これまでだって、なんの心配もない状態だったことなんてほとんどありませんでした。

大阪でお店を出したときも、東京へ進出し六本木や銀座にお店を出したときも、すべてのシーンでいつも同じような選択を迫られてきました。どれだけリスクが高かったとしても、自分が行くべき道だと思えば進むしかありません。下調べや想定できる準備は必要ですが、いくら固めても完璧な日なんて来ないのですから、どこかで思い切って踏み出すしかないのです。たとえそれがチャンスかどうかわからなかったとしても、チャンスに変えてみせるという意気込みが道を切り開くのだと思います。

自分が設定した目的のため、どちらか選択するのであれば、私はやるほうを選ぶ。そう考えて、パリコレクションに参加することを決めました。

ミラノコレクションは他ブランドとのコラボでしたが、今回は初の『Re．muse』単独での出展。これまではモデルオーディションもランウェイの順番も、コラボをしたデザイナーさんと共につくってきましたが、今回は1から10まで自分たちでやることになります。音楽の制作に関しては、初の取り組みでした。

準備をはじめるにあたり、まず取りかかったのがショーの世界観の構築。

ファッションショーでは60年代、70年代など、過去をテーマにすることが多くあります。ですが、このとき私の頭に浮かんだのは、過去ではなく未来。まだ見たことがない世界でした。

「100年先まで愛されるブランドをつくる」という目的を掲げてここまでやってきた自分たちが伝統的なスーツをどう表現するのか。

時代と共にいつの間にか制服のように扱われてきたスーツ。それはまるで自由の表現とはかけ離れ、個性を消し、ルールで縛るためのアイテムのような印象さえ植えつけています。けれど『Re．muse』が提供してきたスーツは、着る人のアイデンティティを表現するための1着。だからこそパリでも変わらず、「スーツ＝ルール」ではなく、「スーツ＝自由」を表現しようと思いました。

アイデンティティを表現する1着としてスーツの可能性を証明したい。

さらに、レディーススーツを取り扱ってきたからこそできる、スーツは男性のものという暗黙の概念を取っ払い、男女という境界線や価値観、固定概念に縛られたあらゆる定義を取り払った新しいスーツの世界――「１００年先」というコンセプトで、自分たちが何を成そうとしているのかをパリコレクションという舞台で表現したい。そう考えたのです。

コンセプトに合わせて音楽もバイオリンやピアノなどの伝統的な楽器と最先端の機械音を組み合わせ、いくつかのパートに分けて構成。制作は世界的に活躍されているプロの方にお願いしました。何度も認識合わせを行い、最終段階では私も一緒にスタジオに入り、音づくりから携わらせていただきました。さすが一流といわんばかりの完璧な仕事をしてくださり、パリに向けて最高の曲が完成しました。

ランウェイでの演出やスーツの制作、ヘアメイクに小物の準備など、やらなければならないことはまだまだありました。これまでに三度ミラノコレクションに参加した経験から、どれだけ大変になるかはわかっていましたが、きちんと準備をして臨めば必ずできる。このときの私はそう思っていたのです。

目指す目標をどこに置くか

スーツづくりと同時進行で進めていたのがモデルの手配です。

せっかくパリコレクションに参加するのですから、日本のモデルさんも一緒にパリへ連れていってあげたい。そこで、日本でもオーディションを開催することにしました。

最近では世界で活躍するアジア人モデルも増えています。『Ｒｅ・ｍｕｓｅ』は、まだまだ知名度が高いブランドではありませんが、パリコレに出演できるとなれば、そういった方々も来てくれるのではないかと考えていました。

しかし、実際にオーディションをして感じたのは、世界を意識しているモデルさんが意外にも少ないということでした。

もちろん、オーディションを受けてくださったモデルさんはみなさん素晴らしかったのですが、今回はパリコレクションへの参加です。日ごろから真剣に世界を意識されていない人にチャンスを与えるのは難しいというのが本音でした。その切符を手にする権利があるのは、やはりそこを目指してさまざまな困難に立ち向かって努力をしてきた人です。

2018年に初めてミラノコレクションに参加した際に採用したモデルさんは、なんとその後、エルメスのモデルに抜擢され、ランウェイを歩いていました。たった数十秒にすべてを賭けて歩く。その数十秒が、トップモデルへの階段を一気に駆け上がり、人生を180度変えるものとなるかもしれないのです。モデルもデザイナーもヘアメイクも、この瞬間に人生を賭けている。ランウェイとは、そういう場所です。

命を削ってつくっている衣装を、この人に着てほしいと強く思わせる何か。それを持ったモデルが、世界のトップに立てるのです。

「どうやったら世界に行けますか?」

ある学校での講演中に、生徒さんからそんな質問を受けたことがあります。私は迷うことなくこう答えました。

「常に世界基準で物事を考えてください」

あなたが世界に行きたいのであれば、比べる相手は常に世界であるはず、と。

創業当初から、私は日本ではなく世界を意識していました。心にあったのは、シャネルやエルメス、ディズニーやリッツカールトンといった世界的企業でありブランドでした。

目指す目標をどこに置くか。それによって、どこまで伸びるかも決まります。

隣にいる人と比べていたら、いつまで経ってもそれ以上にはなれません。世界で活躍するモデルを見るのと、自分と一緒にレッスンを受けているモデルを見るのとでは、結果が違うのは当然です。

私のＹｏｕＴｕｂｅを見てくださっている方の中には、私に明るくてお喋りなイメージを持たれている方も多いと思います。しかし、モデルオーディションのときの私に陽気な雰囲気は一切なく、言葉もほとんど発しませんでした。後に、その様子を撮影していたカメラマンから、「あのときなんであんなに冷たかったんですか？」と聞かれたのですが、私はＹｏｕＴｕｂｅ撮影のためにそこにいたのではなく、パリコレに行くためにそこにいたのです。私が見ていたのは、人間性でも愛想の良さでもなく、モデルとしてのカッコよさ、それだけでした。

自分に自信のある人は、相手に愛されようとはしません。自分をただ見せるだけ。世界で戦うプロの人たちは、モデルに限らずデザイナーもヘアメイクもカメラマンもみんな、そういう姿勢で仕事をしています。まず仲良くなって、お互いを知ってからヘアメイクの相談がはじまるなんてことはないのです。

あくまでクリエーションを最高のものにつくり上げるために、それぞれが魅せられる人間でなければいけません。それぞれが、感動を与えられる人間でなければならないのです。

だからこそ、愛想を振り撒くことは必要ではなく、私は最初から最後まで、彼女たちをプロだと思って接しました。

結果的に、日本のオーディションで選んだモデルさんは4人となりました。うちひとりはすでにパリコレを経験しており、その他も全員が世界を見据えて活動していた人たちでした。

もちろん、それだけではモデルの数が足りません。今回出す衣装は24体なので、まだまだ多くのモデルを確保する必要があります。

元々、アジア系のモデルを4名以上採用することは視野に入れていなかったので、その他は、パリコレに向けて現地入りしている世界中のモデルをオーディションする予定でいました。

今回は衣装も多いため、現地入りしてからオーディションをしていては間に合わないこともあり、まずはオンラインでのオーディションを開催し、現地であらためて採用したモデルのウォーキングを確認する流れとなりました。

現地時間に合わせて深夜から朝の5時までパソコンの画面に張りつき何度もオー

ディションを繰り返し、朝になりオーディションが終わっても納得するモデルがいないときは誰も採用することはせず、新しいエージェントをあたってもらい、またオーディションをする。そんなことを連日夜通し繰り返し、総勢600名以上のモデルをオーディションし、ようやく18名が決定。残りのモデルは現地でピックアップする運びとなりました。

自分ができることに集中する

しかし、そこで信じられないことが起こります。

担当者がショーの開催日を間違えて伝えていたことが発覚したのです。私たちに伝えられていた開催日は3月4日。しかし、実際はそれより1日早い3月3日——現地時間と日本時間を間違えていたのが原因でした。

当初私たちは3月1日に日本を発ち、2日から3日にかけてモデルの最終選定とフィッティング、そして衣装直しを行い、3月4日に本番を迎えるという予定ですべてのスケジュールを組んでいました。それが3月3日に変更となったことで、実質1日ですべてをやらなければならなくなってしまったのです。

・現地でオーディションをし、残りのモデルを選ぶ。
・最終衣装コーディネートの設計、修正、決定。
・すべての衣装のフィッティング、採寸、サイズ直し。
・すべての衣装のプレス（アイロンがけ）。
・ヘアメイク、音楽、ウォーキング、衣装のリハーサルと最終チェック。
・ランウェイの構成、確認、見直し。
・その他、プレスインタビューなどの取材、ゲスト対応、SNS対応。

これだけのことを3月2日のたった1日でやる。どう考えても無謀です。しかし、すでにチケットの変更はできません。

もう、やるしかない……。

覚悟を決めた私たちは、日本でき得る限りの準備を済ませ、社員と共にパリに発ちました。

現地に着くなりすぐに、明日からの動きに無駄がないよう社員全員で入念な打ち合わせを行いました。

翌日には、残りのモデルオーディションや、すでに採用しているモデルとの顔合わせとウォーキングチェック、採用したモデル全員のフィッティング。それが終わったら、一晩かけて衣装のサイズ直しをするという作業が待っています。もちろん、その間にも音楽の最終調整やチェック、ヘアメイクの確認など、やらなければいけないことは山積みでした。

本番前日。

早朝からモデルさんたちのウォーキングチェックとフィッティングをしながら、残りのモデルをオーディションでピックアップすべく動いていた私たちは、そこでまた予想外の事態に見舞われます。

当初決まっていた18人のうち、キャスティングが抜けているモデルがいたのです。その結果、合計で6名のモデルが足りないという事態に。

これではフィッティングもできなければサイズ直しもできません。担当者は「明日の本番には来る」と言いましたが、前日に現れないモデルが当日きちんと来てくれる保証はどこにもありません。サイズ直しをしたのにそのモデルが当日来なかったら大変なことになります。本番当日にモデルが現れないリスクを考えると、モデルを追加採用しておく必要がありました。

採用しても採用しても、モデルが足りない……悪夢のような状況に、さらなる追い打ちが。なんと、先方に依頼していたメンズモデルの靴が用意されておらず、さらにはキャスティングしていたモデルを間違えて帰してしまったというのです。

あり得ないトラブルの連続に呆然としながらも、私は必死で気持ちを立て直し続けました。言いたいことは山ほどありましたが、泣いても喚いても、苛立ちをぶつけても、なんの解決にもなりません。感情を吐き出している猶予もありません。

このときの私が考えていたのは、いかにショーを成功させるか、ただそれだけ。必要なものがなくなったなら、新たに取れる手段を考えるしかありません。モデルの靴がないのであれば、衣装に合う靴をモデルが持っていないか確認するなど、限られた時間で自分たちができることに取り掛かりました。

既存モデルのウォーキングを確認しながら、次々に新しいモデルのオーディションを行い、確定したモデルの写真を撮影し情報を整理しながら、同時に双方のフィッティングも進行する。担当者とのせめぎ合いは常に続き、それでも幾つものジャッジを瞬時にこなし、ひたすら指示を出し続ける……。

もはや現場は大混乱で、全員が込み上げる感情をどうにか抑えながらそこにいることが伝わりました。


オーディションを行った結果、なんとかモデルを追加採用したものの、それでも差し引き4体のモデルが未確定のまま。

アトリエでは社員たちが徹夜でサイズ直しや、24着分のアイロンがけをしてくれていました。その他、音楽のリハーサルなどやらなければいけないことは相変わらず山積みでしたが、そこで私が疲れを見せてしまったら、社員のモチベーションも下がってしまいます。

何より、大切な衣装に嫌な気持ちを込めてしまうような気がして、私はショーを成功させることだけを考えて、やるべきことに集中しました。

そのときに取れる最高点を目指す

そして迎えた本番当日。すでに全員の疲労が限界を迎えているのは誰が言わなくてもわかることでした。

朝から会場に直行した私たちは、残り4体のモデルを確保するため、『Ｒｅ．ｍｕｓｅ』のランウェイと被らないモデルに声をかけ、追加でオーディションを行いました。

そしてようやく24体分のモデルを確保できたのが、本番3時間前。

どうにか間に合った、やっとここまで形にできた。

ずっと一緒に日本からオーディションや準備を手掛けてくれていたマネージャーと私は、心底胸を撫で下ろしました。後は本番に向けてモデルたちに着替えてもらい、ヘアメイクをして、ランウェイのリハーサルを行い、整えていくのみ。いよいよ大詰めのラストスパートとなる3時間がはじまります。

ところが、本番に向けて気持ちを切り替えたその矢先、突如担当者から「決まっていたモデルのうち、6名がピックアップできないかもしれない」と告げられたのです。

ようやくすべてのモデルを揃えられたと思ったのに、これから新たに6名ものモデルをピックアップし直し、すでに決まっていたはずのモデルのサイズに合わせて縫い直した衣装をもう一度ほどいてサイジングをする……早朝から6時間かけてやってきたことを、残りたったの3時間でやる。絶望的な状況です。しかも、モデルもすでにかなりの人数を審査し、イメージにマッチしないと判断した人が多くいるため、この状況で選べるモデルの人数は限られています。

「モデルを連れてくるから、そのかわりＮＯとは言わないでほしい」、エージェントはそう言ってかわりのモデルを連れてきましたが、私は納得がいかず、ＮＯと伝えました。おそらくこんな状況であれば、その提案を受け入れる人のほうが多いでしょう。私自身、ここでＹＥＳと言えたらどれだけ楽かと思いました。しかし、どうしても言うことができませんでした。

そんな状況になっても、私はベストを尽くすために妥協はしたくなかったのです。

ここでモデルを確保できなかったら、ショーができないかもしれない。それでも、ベストな形でやるという自分の信念も曲げられない……。中途半端なものだとわかっていながら世に出すなんて絶対にできない。現場はもはやカオス状態。

エージェントも担当者も全員が凍りつくような状況の中、私の脳裏にほんの一瞬、自分がＹｏｕＴｕｂｅに謝罪動画を上げている姿が過《よぎ》りました。

真夜中の日本でこのショーを楽しみに待ってくれている大勢の人たち。たくさんのチャネルにしたランウェイ配信の案内。

みんなをガッカリさせてしまったらどうしよう……。

いや、そんなことはあり得ない。必ず成功させてみせる。

私はすぐに気持ちを切り替えて動き出しました。


しかし、現実は泳いでも泳いでも引き戻されるような状態。目の前に用意されたボートに手を伸ばせば楽になれるのはわかっている。けれど、そのボートに乗ってしまったら、譲ってはいけないものを譲ってしまうことになる。私にはそれが何を意味するのかわかっていました。だから絶対に譲れない。

社員やヘルプに来てくれている人たちもまた、そんな状況であるにもかかわらず、誰ひとり、もうこの辺で手を打ってくださいなどとは言わずに、私を信じてくれていました。最後は社長がどうにかしてくれる。そう思っていることが伝わってきました。


「3時間後、私、本当に笑えているのかな？」

本番用のヴィクトリースーツに着替えに、ホテルに戻る道のりで、思わず零れた言葉。本当にもう時間がないのに、まるで昨日と同じ状態にいる。3時間後、笑えていたら奇跡かもしれない――。その奇跡を、自分の力で起こすんだ。もう自分で自分を鼓舞するしかありませんでした。

着替えて会場に戻り、先ほどピックアップできていないかもしれないと言われた6名のうち、数名はアテンドし直してもらえました。それでも足りないモデルをマネージャーとひたすら探し回り、通路脇でもどこでも、よさそうなモデルがいたら呼び止めウォーキングしてもらいました。モデルが揃わない不完全な状態でリハーサルを行いながら、モデルを探し続け、時間ギリギリでなんとかすべてのモデルを揃え直しました。


このとき、本番1時間前。

「これで完走できる！」

全員の士気が一気に上がります。ヘアメイクを終えたモデルみんなに衣装を着せはじめるのを確認し、私はメディアの取材へと向かいました。

取材対応を終え、再びバックステージに戻った私は、そこでハンガーラックにかかったままになっている衣装を発見しました。

「この衣装を着るモデルは？　どこにいるの？」

エージェントに尋ねたところ、なんとモデルが間違えて帰ってしまったことが発覚したのです。


そのとき、本番30分前――。

しかも最悪なことに、そのモデルだけが2着の衣装を着る予定でした。

またそのモデルは、身長１８３cmの褐色の肌をした女性。今からこの条件を満たすモデルを探すのは至難の業です。たとえモデルを見つけても、そこからパンツの裾をほどいて修正を施し、ヘアメイクをしなければなりません。不可能――。頭が真っ白になり、まるで時限爆弾が作動したかのような気分になりました。


ショーまでの残り時間は15分。

「もう諦めて！　この子を使って！　この子ならいけるから！」

エージェントは私にそう迫りましたが、私はどうしても首を縦には振れませんでした。向こうからしてみれば、こんな状況でまだＮＯと言うのか、信じられないと呆れ

ていたと思います。実際、そこで折れてしまえば楽なことは誰より私がわかっていま
す。それでも私には諦めるという考えは1ミリもありませんでした。ここで妥協する
ぐらいなら、とっくにそうしている。それならこの衣装を出さないほうがマシ。しか
し、実際はそんなことをすれば音楽の構成も崩れてしまいます。

ランウェイを片道13秒で歩いて折り返し、トータル26秒。その7秒後に次のモデル
が出る。

24体の衣装を出し終えたら30秒のラストランウェイがあり、ブランドデザイナーと
して会場に出て挨拶――何度もシミュレーションしてきた12分間のショーが、音を立
てて崩れようとしていました。

すでに私が思い描いていたパリコレとは違うものになりかけている。

しかし、そのときに取れる最高点を目指してここまでのトラブルを乗り越えてきた
からこそ、今ここで妥協なんてできない。これだけ瀬戸際の状態になっても、そこで
取れる最高点を目指すことを諦めませんでした。

私は、ランウェイを歩き終わってバックステージに戻ったばかりのモデルを片っ端

から呼び止めると、廊下でオーディションをはじめました。エージェントの許可も取らず、独断での行動に、周りから「クレイジー！　クレイジー！」の声が上がります。しかし、どう思われようと関係ありません。絶対にやり遂げる。その一心でした。

そんな私の目にひとりのモデルが飛び込んできました。

ひとつ前のランウェイを終えて戻ってきた褐色の肌を持つモデルです。この子だ――私は彼女を裸のままバックステージに引っ張っていくと、「この子に服を着せて！」と社員に告げました。

その瞬間、会場に聞き覚えのある音楽が流れはじめました。

ショーがはじまる……。

私にはデザイナーとして、舞台袖でランウェイに出ていくモデルの最終チェックをするという役割があります。30秒後には、そこでモデルを送り出さなければなりません。しかし急いで舞台袖に行くと、22名は並んでいなければおかしいはずのモデルが、8名ほどしか並んでいませんでした。

会場は満員です。日本からもたくさんのお客さまが来ています。カメラの向こうでは、日本時間は深夜にもかかわらず、大勢のファンの方々が見てくれています。

大丈夫。何も心配ない。

絶対みんながここにモデルを並べてくれる。

私は、ここまで寝ずに頑張ってくれた社員たちを心から信頼していました。

やるべきことはすべてやった。

私が今できること。それは、モデルたちに最後の自信を宿すこと。スーツの衿を正し、命を吹き込むこと。私はモデルの前に立つと、ひとりひとりに「あなたらしく歩いてね」という言葉をかけ、ランウェイに送り出しました。

モデルは途切れることなく続き、気づくと最後のひとりになっていました。私が信じた通り、社員たちがモデルをちゃんと並べてくれたのです。

終わった……。

半ば放心状態でランウェイに出ると、途端に会場から大きな拍手が鳴り響きました。地獄のようなバックステージと夢のようなランウェイ……挨拶することも忘れてすぐに引っ込んでしまったのは、そのあまりの違いに気持ちが追いついていなかったからかもしれません。

バックステージに戻った途端、全身からすべての力が抜けました。そして次の瞬間、私は声を上げて泣いていました。

限界を突破した先に見えるもの

私がパリコレクションへの参加を通して痛感したのは、自分にとって『Ｒｅ．ｍｕｓｅ』がいかに大切かということでした。

苦しいこと、逃げ出したくなるようなことの連続で、与えられた甘い選択肢を選んでも、きっと誰も私を責めなかったでしょう。しかし、自分だけはそんな自分を責めてしまう。それがわかっていたから、どんなに追い込まれていてもＹＥＳとは言えませんでした。

この10年間、私は生活のすべてを差し出して『Ｒｅ・ｍｕｓｅ』をやってきました。逆境も多くありました。夢を語っても信じてもらえずバカにするような目で見られたこともありました。それでも一切妥協せず、自分の思いを貫き通してここまで歩いてきました。

限界を突破した先に見えるもの、それは自分の生き様です。

誰も見ていないところで朝まで頑張ってきた自分や、ひとりで泣いてひとりで立ち直ってきた自分。そんな、これまでの自分に嫌というほど出会うのです。

パリコレで限界を突破した私が最後に出会ったもの。それは、唯一無二の大切なものを命を懸けて守り抜いた自分でした。そのことを、心から誇りに思っています。

譲れないものがあるとき、人は我を忘れる

パリコレを終え、日本に帰ってきてからしばらくの間は、自分の気持ちがどこにあるのかわからず放心状態が続いていました。

すべての力を出し切って、一時的に何も考えられなくなっていたのかもしれません。

そうして迎えた、月に一度のオンラインサロンのライブ配信日。

「自分のことがよくわからなくて……」

うまく喋れる気がせずそうこぼした私に、撮影担当の男の子が言いました。

「社長は怖かったんですよ」

ずっとカメラで私を追い続けていた彼からは、私が抱えていた恐怖やプレッシャーが見えていたのです。

「これまで社長と一緒に数えきれないほどの動画を撮ってきましたが、あのときの社

長は僕が見たことがない社長でした。ずっと不安そうな顔をしていて……自分で気づいていないかったんですか⁉」、そう言われて、思い出したことがあります。

実はショーの当日、私は靴を履いていなかったのです。いつどこで脱げたのか、まったく記憶にありません。極限状態になったとき、人は余分なスイッチを切ることで、その目的以外のことはまったく見えない状態になるのかもしれません。

たとえば火事で、自分の子どもが取り残されてしまったら、誰もがなんの迷いもなく火の中に飛び込んでいくでしょう。そのときに火傷して肌がただれたらどうしようとか、後遺症の心配や、大声で助けを求めるのが恥ずかしいとか、そんなことを気にする人はいないはずです。

きっとそのときの私も、少しでも自分がその不安や恐怖を感じてしまったら、すべてが終わってしまうと悟り、なりふり構わずに行動し、無意識に感情を切り離していたのだと思います。

それは私にとって『Ｒｅ・ｍｕｓｅ』が、何にも代えがたい、大切なものだったからです。燃え盛る炎の中に飛び込んででも抱きしめに行きたい、自分にとって決して諦められないものだったからです。

譲れないものがあるとき、人は我を忘れるのだと思います。

「もう一度オファーが来たら、またパリコレをやりますか？」

あれから何度もこの質問を受けてきましたが、私はまたやるのだろうと思います。

当初思い描いていた成功の形とは違いますが、それでもベストを尽くし、そのときに取れる最高点を目指して諦めずにやり遂げられたこと。そして、自分の姿勢に悔いが残っていないからこそ、また挑戦しようと思えるのです。エージェントや企業の担当者とはトラブルが多くありましたが、それでも私たちをパリへ連れていってくれたのは、その企業です。私はとても感謝をしています。日本人モデルの4名も、最高のウォーキングを披露してくれ、共にパリを背負ってくれていることが伝わってきました。関わるすべての人たちが、自分の仕事を精一杯してくれました。

現地まで駆けつけてコレクションを見に来てくださった方、日本から応援し続けてくださった方、心を向けてくださったすべての皆さまに、心から感謝の気持ちでいっぱいです。

自分の姿勢だけは自分次第。もし途中で妥協して中途半端なことをしていたら、このような気持ちになれていなかったかもしれません。それどころか、私はきっと、二度とパリコレに出ることはおろか、『Re．muse』を続けていく自信さえも失っていたでしょう。

自分を貫いた先に見える景色

相次ぐトラブルに見舞われ、もうダメかもしれないという状況に幾度となく追い込まれたパリコレクション。本当に寿命が縮むような経験でしたが、それでも最後までやり遂げられたのは、まさしくあの場面で自分の「貫く力」を発揮できたからだと思っています。

あの瞬間、私は1年分生きた気がしました。

最後まで私を信じてついてきてくれた社員やサポートしてくださった皆さまには、本当に感謝しかありません。私がどれだけ頑張っても、ひとりでは到達できなかった場所。そこに辿りつくことができたのは、みんながいてくれたからです。

魂が震えるほどの経験や達成感は、感じたいと思ってもなかなか経験できるものではありません。非常に高いレベルでそれを経験した彼女たちは、今回とてつもない成長を遂げたことと思います。

安全地帯で自分を貫くことは難しくはありません。逆境でこそ貫く力が試されます。最後の最後まで自分を貫いて、妥協せずにやり切ったという達成感。それこそが、自分に対して持ち帰れる最大の成果です。

そして、その成果が自分への信頼となり、強さになります。貫いた経験によって、その後の自分が、人生が変わっていくのです。

実はパリコレクションでＹｏｕＴｕｂｅの動画を撮ると決めた当初、ヘアメイクに指示を出したり、オーディションをテキパキこなしたり、もっとカッコイイ自分を出せると思っていました。しかし実際は想像とはまったく違っていて、「極限に追い込まれたときに人はどうするのか？」を延々と晒すような内容になってしまいました。

終始険しい表情のこの動画を世に出すべきなのかという意見も出ましたが、それでも出すことにしたのは、現実の厳しさを知っていただきたかったからです。

夢に生きるというと聞こえはよく、華やかで輝いた世界を想像されがちですが、夢を持って生きるということは生半可な覚悟ではできません。時には世界を敵に回してでも最後まで自分を貫く強さが必要です。そして、それには仲間がいないと越えられない幾つもの壁があります。

ひとりでは見れない景色をみんなで見に行く。その過程はキラキラしたことばかりではなく、いつも何かと戦っています。時には容赦なく降りかかる災難、相次ぐトラブル。そして一番は、自分自身と――。そういった現実を配信することもまた、私の役割なのではないかと思ったのです。

今回のパリコレでの経験をこうして共有することで、みなさんが新たな世界を切り開き前進するための原動力に変えてもらえたら、それが『Ｒｅ・ｍｕｓｅ』というブランドの何よりの報酬になるのではないか。そう思っています。

地図がないから迷うのではなく、目的がないから迷う

これからの時代は、今までとは違った底力が必要になってくるでしょう。

ＡＩやテクノロジーが発達したことにより、人を介さなくてもさまざまなことが成立する世の中になってきました。その分、自分だからこそできる何かを持つことが重要になってきます。

そして、そんな世の中の流れを感じ取っているからこそ、自分の生き方に執着する人が増えているのだと思います。

自分の価値を高めたい。世間から注目されたい。代わりのきかない存在になりたい。

肥大した承認欲求は、心が上げた悲鳴です。

その悲鳴に耳を傾けることなく、外側にばかり気を取られているうちは、どこまで行っても満足する場所には辿りつけないでしょう。

なぜなら、あなたを幸せにする答えは、あなたの内側にしかないからです。

まず対話しなければならないのは、世間でも周りでもなく自分自身です。

誰かが決めたことをそのまま受け取るのではなく、自分なりの価値観で判断することで初めて、あなたらしい人生が動き出します。

地図がないから迷うのではなく、目的がないから迷っているのだということにどうか気づいていてください。

私は「100年先まで愛されるブランドをつくる」というゴールに向かって走っています。そこに辿りつくための地図はありません。けれど、目的がはっきりしているから迷うこともありません。経路なんて人の数だけあるもの。走っている途中でいくらでも軌道修正することができます。

もちろん、途中で失敗することもあります。しかし、失敗は宝です。失敗をおそれてチャレンジしないほうがリスクではないでしょうか。

どんなことでも容易に貫いて、真っ直ぐに生きているように見られがちな私ですが、実際はカッコ悪くもがきながら、周りの人たちや夢に支えられてここまで来ました。


そもそも人は弱い生き物です。苦しいとき、しんどいとき、サボったり逃げたくなったりするのは当然のこと。それは恥ずかしいことでもなんでもありません。だからこそ、そんなときは自分を責めたりせず、どうか自分を抱きしめてあげてください。自分らしく自然体で生きられることこそが、自分にとっても周りにとっても、そして世界にとっても一番いいのです。

そのうえで、自分にとっての幸せがなんなのか。送りたい人生はどんなものなのか。追い求める成功がどんな景色をしているのかを考えてみてください。

世の中から定義づけされた成功や幸せのかたちに振り回されることなく、自分なりにその言葉の定義を持って、本当の幸せや成功を見つけてください。

それができればきっと、自分が決めたことを貫いていけるようになるでしょう。

おわりに

人は夢や目標を追いかけているとき、幸せの一番近くにいるのかもしれません。

10年間、一心不乱に走り、我を忘れそうになるときがあっても、夢を忘れそうになることはなく、何度打ちのめされても、何度だって立ち上がり続けてこられたのは、幸せだったからです。


人は幸せになるために生まれて、幸せになるために生きています。

だから私たちはきっと、どれだけしんどい思いをしても、何度無理だと思っても、それでも懲りずにまた夢や目標を追い続けるのでしょう。


夢を通じ人が幸せになれるなら、私は幸せであることを貫いてきたともいえます。

そして幸せのかたちは年齢や経験、環境によって変わりゆくものです。

私自身、20代のころに思い描いたヴィジョンに、40代に差し掛かった今、調整の必要を感じています。死に物狂いでがむしゃらに走っていたあのころに戻れないのも事実で、人生の後半戦を考えたとき、大切なものを大切にするという当たり前のことをしたくなりました。こういったシンプルなことが昔はちょっと苦手でしたが、今はものすごく重要に思えます。

こうして年齢と経験を重ねるにつれ、人生観も変わっていくものですが、実は、変わることに少し戸惑いもありました。どこかで、夢を語る以上はこうでなければいけないと、知らず知らずのうちに自分を縛る自分がいたようにも思います。夢中になって走る中で自分を見失わないためにも、バランスはとても大事になってきます。

そのことに気づかせてくれたのが、パリコレでした。パリを終えて抜け殻になったとき、ふと、「自分には何があるんだろう?」と思ってしまったのです。

私はこれまで仕事一筋だったので、『Ｒｅ．ｍｕｓｅ』がない世界を想像することなどできませんでした。けれどこのときをきっかけに、今は仕事も生活も大切にしたいと思うようになりました。なかなか慣れずに相変わらず仕事ばかり優先してしまい、本書の執筆も気づけば明け方になることが多く、人生で初めて1か月に2回もヘルペスをつくってしまいました(笑)。

仕事がプライベートで、プライベートが仕事の私にとって、そこに折り合いをつけながら自分の時間をつくることはとても難しいのですが、移りゆく人生観をちゃんと大事にしたい、大切なものを大切にしたい！　今は心からそう思います。

本書にこのような心境の変化を綴ることで、私自身が現状を打破し、新たな挑戦に向け、向き合いたいものときちんと向き合えるのではないかと思っています。

変わりたいと思ったとき、周りが望む自分でいなくちゃとか、ああやって宣言してしまったし……など責任感が強い方であればあるほどそう感じることがあると思います。私の中にもそんな自分がいます。

けれど、残念ながらそれでは幸せから遠のいてしまいます。自分を後回しにしてはいけません。違和感があることは少しずつでも変えていきましょう。そうして上手に自分と向き合ってあげましょう。

あなたも私も、自分の人生観を大切にしましょう。

幸せのポートフォリオは、何度でも作成可能です！

今の自分が望んでいる生き方を尋ねてあげて、感じてあげて、許してあげて、そのときの自分と調和する態勢をいつだって整えていくことができます。そうやって自分をていねいに扱い大切にしていくことが、貫きたいと思える生き方につながっていきます。

貫く力を育てるには、等身大の自分でいるのが一番です。無理は続きません。時には肩の力を抜きましょう。そして「こうでなければならない」を手放して、最後にもう一度、自分に聞いてあげてください。

本当はどう生きたいの？
一番大切なものって何？

やっておかないと死ぬときに後悔することはない？

貫く力を育てるのはあなた自身です。

この本でお伝えしたことが、その手助けとなりお役に立てたら幸いです。

お伝えしたいことは尽きませんが、引き続き私のＹｏｕＴｕｂｅやＩｎｓｔａｇｒａｍにて配信していきますので、いつでも会いに来てください。

本書でご紹介したオンラインサロンへの入会方法などの告知は、募集開始の際に『勝友美公式ＬＩＮＥ』にてご案内します。Ｉｎｓｔａｇｒａｍのプロフィールにあるリンクからも登録できますので、ぜひ登録して情報を受け取っていただけるとうれしいです。

最後までお読みいただきありがとうございました。この本を手に取ってくださったのには、必ず意味があると思っています。私はここから頑張っていくあなたを、心の底から応援しています。本書を通じ、みなさまの人生がすべて思い通りになっていくことを心から願っています。

最後になりましたが、書籍発行にあたり、関わってくださったお客さまや社員、そして友人、ＫＡＤＯＫＡＷＡの編集担当者さまはじめ関係者の方々に、心より感謝申し上げます。

何もしない賢者より、行動できるバカになれ！

２０２４年３月吉日　勝　友美

YouTube

Instagram

公式 LINE

※右の二次元コードは２０２４年２月現在のものです。

勝　友美（かつ ともみ）
株式会社 muse 代表取締役。
兵庫県宝塚市出身。アパレルメーカーにてトップセールスを記録後、スタイリストとして海外ポータルサイトの新規事業立ち上げを経験し、オーダースーツ業界へ転身。2013 年に独立し『Re.muse』を創業。2018 年よりテーラー業界では日本初となる 3 度のミラノコレクションへ出展、2023 年にはパリコレクションへの出展を果たす。Re.muse のスーツは着る人を自信で包む"ヴィクトリースーツ"と呼ばれ幅広い世代からの人気を博している。市場がない中でレディースオーダースーツのマーケットを独自で切り開き牽引し、女性活躍の発展に貢献。女性起業家として業界の枠を越え多くの講演会やメディアへ出演をすると共に、自身の経験を基にYouTube やオンラインサロンなどを通じ、夢を実現する人に向けた配信も精力的に行っている。

【YouTube】勝 友美 VICTORY CHANNEL
【Instagram】@Katsu.tomomi

貫《つらぬ》く力《ちから》
人生《じんせい》がすべて思《おも》い通《どお》りになっていく

2024 年 3 月 14 日　初版発行

著　者／勝《かつ》 友美《ともみ》
発行者／山下直久
発　行／株式会社 KADOKAWA
〒 102-8177　東京都千代田区富士見 2-13-3
電話 0570-002-301（ナビダイヤル）
印刷所／図書印刷株式会社
製本所／図書印刷株式会社

●お問い合わせ
https: //www.kadokawa.co. jp/
(「お問い合わせ」へお進みください)
※内容によっては、お答えできない場合があります。
※サポートは日本国内のみとさせていただきます。
※ Japanese text only
定価はカバーに表示してあります。

ISBN 978-4-04-606672-5　C0030

Live My Life

株式会社 Waris共同代表
田中美和
Miwa Tanaka

自分らしく働くための39のヒント

KADOKAWA

あなたにとっての「働く意味」って何ですか？

「なぜ働くのですか」と質問されたら、みなさんはなんと答えますか？

「**お金のため**」
「**生活のため**」
「**自己実現のため**」

なかには「**社会貢献のため**」という人もいることでしょう。これまで20年以上にわたり「働くこと」の支援をしてきた私の経験からすると、誰もが働くことを通じて心の奥底で求めているのは、究極的には「**幸せになること**」だと感じています。

「お金を稼ぎたい」のも「自分の力を活かしたい」のも、最終的には「幸せになるため」。だってどんなにお金持ちになっても、周囲から「素晴らしい」とほめられても、自分の心が幸せを感じられないなら、虚しく悲しいですよね。だからこそ、私たちは幸せになるために生きているし、幸せになるために働いていると思うのです。

みなさんはいかがですか？

私は大学卒業後、働く女性向けの雑誌で編集記者になりました。仕事選びや時間管理・コミュニケーション方法などの日々の仕事術、お金との付き合い方、結婚・出産・老後の生活に至るまでの働き方を軸に、より良く生きることに関する情報を毎日のように取材し発信してきました。

以来、「働くこと」は私自身の人生のテーマです。

私は編集記者の仕事を通じて、３万人以上の働く女性たちの声にふれてきました。

そこで見えてきたのは、

「なかなか自分らしく生きられない」
「働くことに息苦しさを感じる」

そんな女性たちの存在でした。当時は「働き方改革」という言葉が生まれる前の時代。長時間労働は当たり前。「責任ある仕事をしたいのだったら長時間会社で仕事をするもの」、そういった価値観が社会に満ちているなかで、仕事と家庭の両立で苦しむ女性が非常に多くいました。

「女性が自分らしく生き生きと働き続けられる社会にしたい」

そう思った私は会社員を辞めてフリーランスとして道を模索し始めました。
「フリーランス」——最近でこそ聞く機会が増えましたが、まだまだ定義がよくわからないと感じる人も多いかもしれません。フリーランスは、特定の会社や組織に属さず独立した個人として自分のスキルを活かして稼ぐ働き方です。会社員ではないので働く時間や場所は自由。いつ、どこで、誰と、何をして働くのか、すべて自分自身で決めることができます。この働き方が私自身にはとてもよく合っていました。

「この働き方を知ることで幸せになれる人はもっといるのでは？」

そう考えた私は仲間との出会いもあり、会社を一緒につくってフリーランスとして働きたい女性と企業との仕事を仲介する事業を始めました。そして今まで10年にわたり2300人以上に、主にフリーランスやリモートワーク（テレワーク）で働ける仕事をご紹介してきました。女性のために始めた会社ですが、最近では男性のご登録者も増えています。

私たちの会社はとても小さな会社です。けれども毎月200人から300人が新しくサービスに登録してくださいます。

「育児と仕事を両立したい」
「両親の介護にも時間を使いたい」
「起業の準備をしたい」

登録理由はさまざまですが、フリーランスやリモートワークのような「時間と場所にとらわれない働き方」を通じて「自分らしく生きること」そして「幸せになること」をみなさん求めています。私たちの会社の理念は「Live Your Life すべての人に、自分らしい人生を。」です。何をもって「自分らしい」とするかは人それぞれ。しかしながら「自分らしい働き方」は「自分らしい生き方」につながっていきます。

なぜなら**「働くこと」は「生きること」そのものだから**です。私たちは実に多くの時間を「働くこと」に使っていますよね？ 1日8時間労働だとして1ヶ月で160時間、1年間で1920時間……途方もない時間です。

「そんなことを言っても『自分らしい働き方』なんてどう実現したらいいかわからない」
「特別な人たちの特別な働き方なんじゃないの？」

そう感じた人も大丈夫です！　本書ではこれまで「自分らしい生き方・働き方」の実現に伴走してきた私自身が、誰もが自分らしい生き方・働き方を実現できる方法を具体的にお伝えしていきます。

自分の強みや弱み、価値観を知って、自分らしい人生を自分の手でつくっていくことは、誰でも今この瞬間から始めることができます。

さあ、不安をひとつひとつ解消しながら、あなたらしい生き方・働き方を一緒に始めていきましょう！

株式会社Ｗａｒｉｓ共同代表　田中美和

CONTENTS

Chapter 1

私には「何もない」は大いなる誤解……013

Chapter 2

実例で解説！自分らしい働き方の実現プロセス

※本書に掲載しているデータなどの情報は2023年9月26日付のものです。
断りなく変更になることがありますのでご了承ください。

CONTENTS

Chapter 4

CONTENTS

Chapter 5 自分らしくあるために働き方を選択する時代に

STAFF
装丁：西垂水敦・市川さつき（krran）
本文デザイン：羽鳥光穂
校正：麦秋アートセンター
DTP：ニッタプリントサービス
編集：長田和歌子

Chapter
1

私には「何もない」は大いなる誤解

強みのない人なんていない！自分の手のなかを見直そう

「自分らしい働き方」、仕事や人生について考えるような記事をWEBなどで書かせていただくと、

「私には強みもないし……」
「人に誇れるような学歴や経歴がないんです」

読者からこういった反応がよくあります。みなさんのなかにもそう思う人がいるか

もしれません。でも安心してください！ 20年以上にわたって「働き方」を仕事にしてきた私の経験からすると、これまで調査や取材でかかわってきた約6割の人は「自分に自信がもてない」し、「自分なんてたいしたことがない」と思っています。

誰もが知っている有名大学を出て、有名な会社に入って、「売上全国ナンバー1」「社長賞受賞」などの輝かしい実績を重ねて、どんどん出世して……それも素晴らしいことですが、誰もがそういう道を歩むわけではないですし、わかりやすい実績がなければ価値がないかといえば、そんなことはまったくありません。

私たちは100人いれば100通りの人生があります。

これまでやってきたこと、取り組んできたこと、今まで経験したことが一人ひとり必ずありますよね。

大切なことは、歩んできた道のりをしっかり振り返ること、その結果として自分の手の中に何があるかを正しく理解すること、そして今後どんな人生を歩みたいかを考えて行動へつなげていくことです。**すべてが今につながっているし、振り返ればたどってきた道があります。**

そして今、この瞬間に行動していることが未来のあなたにつながっていきます。

「でも、今の私は働いていないので……」

介護や育児、配偶者の転勤などの理由でお仕事をされていない人もいることでしょう。報酬をもらういわゆる「仕事」をしていなかったとしても、毎日の家事や育児、子どもの学校行事や地域活動など、私たちが社会とつながる手段は「働くこと」だけではありませんし、「働いていない期間」も多くのことに気づくし、学んでいるものです。

私が共同経営する会社では２０１６年から離職中の女性たちの再就職支援をしていますが、10年前後の離職経験をもっている方が離職期間の長さにもかかわらず、仕事を獲得しています。

この場合、企業は女性たちの何を評価しているのでしょうか？

実は「さまざまな人生経験を経てきたことによる精神的な安定感」「地域社会等で培った多様な存在への理解や共感」「多世代とかかわることができるコミュニケーション力」などが企業からの評価につながっています。たとえ長く働いていない期間があっても、意欲さえあれば最先端の知識やスキルを身につけることは可能ですから。

自分が気づいていないだけで、みなさんの手の中にはすでにたくさんのものがあるはずです。ぜひ一緒にChapter3でご紹介するワークを使って、過去の自分、今の自分、未来の自分を見つめていきませんか？

自分らしく働くための
ヒント1

強みは誰もが自分のなかにすでにもっている！

好きを仕事にしなくてもいい！働く理由は人それぞれ

「自分のやりたいことがよくわからないんですよね……」

年齢を問わず本当によく聞く声です。みなさんはいかがですか？

「自分のやりたいこと」ありますか？

「あります！ 私の夢は……」と力強く語れるあなたはとてもラッキー。でもなかったとしても大丈夫です。私の経験からすると、実はない人のほうが半数以上、いやむしろ多いくらいなのです。

働き方や仕事について考え始めるときに、一度ぜひ見つめ直していただきたいことがあります。それは、

「自分のやりたいこと＝自分の好きなこと」

「好きを仕事に」

こうした考え方にしばられていないか、ということです。以前、ある40代の女性とお話をしていたときのことです。その女性は言いました。

「私ってやりたいことが何もなくて。でも最近わかってきたことがあるんです。『やりたいことがある人を支えたい』それが私のやりたいことなんだって」

「素晴らしいじゃないですか！　それも『○○さんのやりたいこと』ですよ！」と、私

はちょっと興奮気味にお伝えしました。なぜならそこに気づけた彼女が素晴らしかったからです。

「やりたいこと」と言ったときに、「自分自身が」「自分のために」実現したいこと、自分の能力を「自分のために」活かせること、という意味で表現している人が多いように感じます。もちろんそれは素敵なことですし、否定するつもりはありません。

しかしながら「働く」ってそれがすべてではありませんよね？
先ほどの女性のように周囲の人を支えたり、誰かが困っていることを解決するために行動したり……。
自分以外の誰かのために行動することも働き方のひとつの形ですし、本人のやりがいや充実感につながります。

「やりたいこと」が具体的な「コレ！」というものでなくても大丈夫です。

あなたが心地いいと感じるのはどんなときですか？

楽しいと感じるのはどんな瞬間ですか？

人生は一日一日、一瞬一瞬の積み重ねです。心地いい時間、楽しい瞬間を重ねていきましょう。仕事を選ぶ理由、働く理由は一人ひとり違っていいのです。

時間の使い方で人生は決まります。あなたはどんな人生を送りたいですか？

自分らしい理由、自分なりの働く理由をぜひ考えてみてください。

自分らしく働くためのヒント2

楽しいと感じる一瞬に働く意味が隠れている！

「やりたいこと」のハードルを高くしない！「ありたい姿」から考える

「やりたいことがない問題」に関して、私がいつも思うのは**「やりたいこと」のハードルを自分で勝手に高くしてはいませんか**、ということです。

「貧困をなくす」とか「世界平和に貢献する」とか、だいそれた内容じゃなくてもいいんです（もちろん、貧困問題の解決や世界平和に取り組んでいる人は、それはそれでとても素晴らしいことです！）。

たとえば、**「ありたい姿」や「実現したい生活」から少しずつ分解して考えていくの**も手です。

「あなたは毎日どんな生活を送りたいですか？」

「家族と一緒に食卓を囲みたい」
「子どもと一緒に毎日笑って過ごしたい」
「お気に入りのカフェで好きな本を読みたい」

ささやかなことでいいので、誰とどんな生活を送りたいのか、どんな状態が自分にとって幸せなのか、考えてみてください。

「家族と一緒に食卓を囲みたい」のであれば、毎日朝から夜まで仕事に追われる生活ではなかなか実現するのは難しいですよね。リモートワークがある程度許容されて、フレックスタイムなどの時間の自由度がある仕事が「あなたらしい働き方」かもしれません。思い切って会社員ではなく、フリーランスとして在宅中心で仕事をすることで家庭生活とのバランスを取る方法もあります。

私が共同経営している会社ではフリーランスやリモートワークなどの柔軟な働き方ができる仕事をご紹介していて、10年前に創業して今は2万6千名以上の方にご登録いただいています。

「高齢の両親の介護と仕事を両立したい」
「子どもとの時間を大切にしたい」
「将来的な起業の準備がしたい」

など、登録理由は人それぞれですが、みなさんご自分の人生や暮らしで大切にしたいことがあって、それを実現するために新しい仕事や働き方に挑戦したくて私たちの会社に登録されています。「ありたい姿」や「送りたい生活」から、それを実現できるような仕事や働き方を考えてみるのはどうでしょうか？

「そんなことを言っても今の仕事は接客業だからリモートワークなんて無理」と思った方、Ｃｈａｐｔｅｒ４で紹介するように、新たなスキルを学んで業種・職種を変更することもできます。実際、私たちの会社でご紹介しているリスキリングプログラムを経て、接客業の方がリモートワーク可能なＩＴ企業へ転職したケースもあります。

今は新しいスキルを学んで新しい仕事を獲得することが奨励されている時代、意欲があればいくらでも自分のありたい姿にそって働き方を変えていけます。

自分らしく働くためのヒント３

働くことは実現したい生活から分解して考える

主婦（主夫）もキャリア！「働いていない期間」も仕事の種を蒔いている

「私、今は働いていないので、何も自分にないんですよね」

働き方や仕事をテーマにしたイベントでお話しする機会があると、このように参加者から申し訳なさそうに言ってきてくださるときがあります。その多くは女性です。

でも本当にそうでしょうか？

世界最大級のビジネス特化型ＳＮＳである「LinkedIn（リンクトイン）」では、「職歴」の欄に介護や育児などによる「キャリアブレイク（一時的に仕事を離れる小休止期間）」を追加することができることをみなさんはご存じですか？　そこにはこんな説明が書かれているのです。

「従来のキャリアの道筋から離れた場所で得た経験によって、より優れた同僚、アドバイザー、リーダーとなれる場合があります。今のあなたを形成している体験についてシェアしてみましょう」

仕事をしていないからといって何もしていないわけではないですよね？　その瞬間も私たちは毎日の生活を送っています。

介護や育児に取り組んでいたり、お子さんの学校でのＰＴＡ活動や地域活動に取り組んでいたり、ご自身やご家族が闘病されていたりする場合もあるかもしれない。あるいは大小さまざまな学びの講座に参加されている場合もあることでしょう。

私が共同経営する会社では2016年から育児・介護などを理由に離職中の女性たちの再就職支援に取り組んでいて、40代を中心にこれまで200人以上が専業主婦期間を経て再就職を果たしています。いずれも離職期間10年前後の方々です。私が今までお会いしたなかで再就職された方だと最長16年という方もいらっしゃいました。

その方はご家族の事情で離職し、二人のお子さんを育てながらコツコツ英語の勉強にも取り組んでいらした、とても勤勉な方でした。私たちの再就職プログラムにご参加された当初こそ「ドキドキします」と不安そうでいらっしゃいましたが、持ち前の明るさとタフさで前向きに仕事に取り組み、「こんなに素晴らしい方がいらっしゃるなんて！」と企業のご担当者が目を丸くして驚かれていたことが昨日のことのように思い出されます。

働いていない期間があるからこそ働くことにまっすぐに取り組めて、強い喜びを感じるし、素直に働くことを楽しめることもあるんですよね。そして、「イチからなんでも吸収していくぞ」という意欲の高さを企業は評価します。

人生100年時代ですし、今は70歳くらいまでは働くことを想定しておいたほうがいい時代です。20歳前後で就職して実に半世紀近く働き続けるわけです。そう考えると誰であっても長い人生で働いていない期間があるのはごく自然なこと。

男性も女性もそういう離職期間があって、また働く期間があって、長い人生を自分らしく歩んでいけたらいいのではないかと思うのです。

自分らしく働くための
ヒント4

日々の生活のなかにも仕事に通じるものは必ずある

言われなくても気づくとやってしまうことにヒントがある

「あなたが人に言われなくても、好きで自分から進んでやっていることは何でしょう？」

こう問いかけられたら、みなさんは何と答えますか？ これは先日、私自身が信頼できる友人からコーチングを受けたときに言われた質問です。

みなさんには誰かから指示をされたり、頼まれたりするわけではないのに、気づいたら自分から進んでやっていることって何がありますか？

私自身はこの問いを受けて2つのことが思い浮かびました。

ひとつは「書くこと」です。

私は子どもの頃から文章を書くのが好きで日記を書いたり手紙を書いたり、とにかく書いていると幸せなタイプ。

大人になって出版社で雑誌記者をしていたときは仕事として書いていたわけですが、出版社を卒業してからも「書くこと」はいつも身近にありました。

今は人材サービス企業の経営者の仕事が本業ですが、趣味でnote（ブログ）を書いたりもしていますし、お仕事としてメディアでの連載の仕事も続けていたりします。P.116でご紹介している「ライフラインチャート」を最近も書いていて、「書くこと」については、大人になってから20年以上続けていることに気づき、自分でもびっくりしました。やはり好きなんでしょうね。書くことで自分自身の思考が整理されますし、それを文章にまとめて周囲と共有することで、「わかります！」「私もそういうことあります！」などとつながり合えるのがなんとも言えず楽しいんですよね。

もうひとつは「人と会うこと」です。

私は好奇心が旺盛で新しいモノやコトが好きなので、人と会うのが苦にならないんです。雑誌記者時代から社外の交流会や勉強会に顔を出したり、仕事のかたわらＮＰＯ団体でボランティアスタッフをしてみたり、人と出会って交流することは楽しみながら続けています。

「書くこと」も「人と会うこと」も、今の自分の仕事においてはとても重要なことです。ベンチャー企業の経営者なので、自分たちが取り組んでいることを一人でも多くの人に知ってもらうことが会社の行方を左右します。そのときに文章を書いたり、人と会って伝えたりすることがカギになるからです。

自分らしく働くための
ヒント５

自然とやっていること＝得意なことを活かそう

「人から言われなくても自然とやってしまうこと」は、自分が肩に力を入れず、「自然と楽しみながらできること」。自分の心が求めていることですし、それを満たすことが自分らしい働き方につながっていきます。

「人に言われなくても気づくと進んで自分からやっていることは？」

自分が何をやりたいかわからない人は、そっと自分自身に問いかけてみてもいいかもしれません。

目に見えるものばかりが資産じゃない！あなたの「無形資産」は？

「私には何もない」というときに、お金やマイホームのような「目に見えるもの」ばかりを考えてはいませんか？　そうした目に見える資産（「有形資産」といいます）は大切ですが、「資産」といったときに、目に見えない資産（＝無形資産）もあることをみなさんはご存じでしょうか？

世界的なベストセラーになった『ＬＩＦＥ ＳＨＩＦＴ～１００年時代の人生戦略』（東洋経済新報社）で著者の一人であるリンダ・グラットンさんは、平均寿命が圧倒的に延びるなか、私たち一人ひとりがどのように生きていくべきかを探りました。

そして、長寿化し働く期間も長くなるなかで、私たちの人生は従来のように教育↓仕事↓引退という「3ステージ」の人生ではなく、仕事や学び、副業、ボランティアなどのさまざまなステージを並行して移行しながら生きていくようになると述べています。そのときに3つの無形資産を蓄えておくことが大切なのだそうです。3つの無形資産とは次の通りです。

・生産性資産…主に仕事に役立つ知識やスキルのこと。
・活力資産…健康や、良好な家族・友人関係のこと。
・変身資産…変化に応じて自分を変えていく力のこと。

「スキルがない」「能力がない」と話す人は、自分自身が蓄えてきた無形資産に目を向けられていない場合がほとんどです。

私がこれまで記者や人材紹介の仕事を通じて話してきた人のなかで本当に「何もない」人は一人もいません。みなさん何かしらこれまでの経験の蓄積があり、身につけてきたことがあります。

ただ、自分自身で気づいていないだけなんですよね。忙しい毎日を送っていると、それも無理のないこと。意識して時間を取らないと、自分のこれまでの人生を振り返り、得てきたスキルや経験を棚卸しする機会はなかなかもちづらいものです。

ですから、ときどきは意識的に自分の手の中にあるものを振り返る時間を取っていただきたいのです。私の友人には、毎年ホテルに一日缶詰になって自分が仕事で達成できたこと、得られた知識やスキル、経験を振り返るとともに、次の一年へ向けて「やりたいこと」を言語化する「自分合宿」の時間をとっている人がいます。

そこまでするのはなかなか難しいかもしれませんが、紙とペンがあれば誰でもできる簡単な方法をP.116で紹介しています。ぜひ参考にして、10分、15分程度でいいので、振り返りの時間、棚卸しの時間をもちましょう。週末や年末年始、お盆休みなどは自分自身を見つめ直す時間を取る絶好のチャンスです。そのときに「有形資産」だけではなく「無形資産」も含めて棚卸ししてみてください。

その無形資産のなかで、知識やスキルの「生産性資産」だけでなく、「活力資産」や「変身資産」もしっかり蓄えられているかも確認してくださいね。人生100年と長寿化するなかで自分らしく働き続けるためには、土台となる健康や良好な人間関係、時代やテクノロジーの変化に合わせて柔軟に学んで自分を変化させることも重要です。

有形であれ、無形であれ、資産はきちんとメンテナンスをしないと、価値が減ってしまいます。無形資産づくりにも時間を使えているか、見直してみましょう。

自分らしく働くためのヒント6

棚卸しをして自分にある資産をメンテナンスしよう

「やりたいことがない」なら自分の半径5メートルを見渡してみよう

「自分のやりたいこと＝自分の好きなこと」
「〝好きを仕事に〟が一番」

そんな思考を一度手放してみましょうと先にお伝えしました。「でもやっぱり自分がやりたいことがわからないんです」という人もいますよね？

「好きなこと」「やりたいこと」が最初から見つかっている人は決して多くありませ

ん。「好きで始めたけれど続かなかった」ということもありますし、逆に「なんとなく始めてみたら思いのほか自分に合っていた」という場合もあります。人って案外自分のことはわかっているようでわかっていないものです。

今の状況を変えたい、でも自分の好きなものがわからなくて最初の一歩が踏み出せない……。そんな人は、自分の半径5メートルくらいをぜひ見渡してみてください。ちょっと広すぎますかね（笑）。

意図としては、家族や友人、会社の同僚といった**物理的な距離だけではなく、「自分と同世代の人たち」「介護や育児など自分と同じ悩みを抱える人たち」のように、心理的な距離も含めてやや広めに遠くまで目を向けて考えてみていただきたい**ということなんです。

広めの範囲であらためて周囲を見渡してみて、ちょっとでも「自分自身が力になれそうなこと」「解決したいお困りごと」はありませんか？　そこから発想を広げてみるのも手です。

実際、私自身が会社員を辞めてフリーランスになったのは、「女性が生き生き働き続けられる社会をつくりたい」と思ったのがきっかけでした。当時の私は雑誌の記者をしていたので、毎日のように働く女性たちを取材していました。


「子どもを産んだらキャリアはあきらめないといけないの？」

「今の会社で働き続けて自分はどうなるの？」


悩んだり、迷ったりしている女性たちが本当に数多くいらっしゃいました。

私が記者として取材をしていた２０００年代はじめの頃は「働き方改革」という言葉が生まれる前のことでした。今や珍しくなくなった短時間勤務制度ひとつとっても制度として義務化されたのは２０１０年のことです。実はまだ20年もたっていないんですよね。もちろん女性活躍推進法などもなく、女性たちは今以上に迷いや不安のなかにいました。

自分自身、当時は独身で子どももいなかったのですが、取材した女性たちの不安や迷いにはとても共感しましたし、なんとか解決したいと思いました。それが会社の起業につながっています。

もともと決して「起業したい」とか「会社をつくりたい」と思っていたわけでもないので、不思議ですよね。それもまた人生。みなさんも身近なところに加えて、少し遠くまで鳥になった気分でぐるっと見渡してみると「やりたいこと」の芽が見つかるかもしれません。

自分らしく働くためのヒント7

半径5ｍを見渡すとやりたいことの芽が見つかる

「やらなきゃいけないこと」「できること」に集中してみる

「自分らしさがわからない」「プレッシャーに感じてしまう」ときもありますよね。

自分がやりたいこと、自分がどうありたいのかわからないときは、しばらく**「やらなきゃいけないこと」と「できること」に集中してみるのもひとつの方法**です。

「やらなきゃいけないこと」って生きていくうえで誰でも必ずあるはずです。

朝起きて、顔を洗って歯を磨いて、洗濯をして自分や家族のごはんをつくって、といった生活を維持していくうえで「やらなきゃいけないこと」は誰にでもあるでしょうし、仕事上で会社や周囲からまかせられている業務内容や役割、成果といった面もあることでしょう。

「できること」もみなさん一人ひとり必ずあります。

生活面だったら「ごはんをつくる」ことかもしれないし、「朝起きて『おはよう』と言う」「子どもを保育園に送っていく」、どんなに小さなできることでもいいのです。仕事面だったら「営業ができる」「接客ができる」「資料作成ができる」、これまたどんなにささやかなことでもいいんですよ。

どうでしょう？　実は、たくさんの「できること」がみなさんにはあるのではないでしょうか？

こういうお話をすると、「いやいや、自分なんか本当にできることがなくて……」

「自分なんてたいしたことなくて」と言う人がいます。

「なんか」や「なんて」は自分らしく働くうえでのNGワードです。もし無意識に使っているようであれば今日から卒業しましょう。

「言霊《ことだま》」という日本語がある通り、私たちは使う言葉によってプラスの影響を受けることもあれば、マイナスの影響を受けてしまうこともあります。

自分をしばっているのは、何よりも自分の言葉であり、自分の思考だったりするんですよね。

「自分にはできることがない」と思っている人は、「できること」のハードルが高いのかもしれません。

落ち着いて自分がやっていることを見つめ直してみてください。実はたくさんの「できること」を重ねながら毎日の生活を送っているのではないでしょうか？

以前、尊敬しているキャリアカウンセラーの方が「自分が何に向いているのかわからない」という相談者さんにこんなアドバイスをしていました。

「冷蔵庫が空っぽだと料理のプロでも何もつくれない。『冷蔵庫の中身』を増やすためにまずはいろいろやってみましょう！」

素晴らしいアドバイスですよね。ですから「やりたいことがわからない」ときは未来について考えるのをいったんやめ、目の前の「やらなきゃいけないこと」「できること」に集中し「冷蔵庫の中身」を増やしてストックする、そういう時期があってもいいのではないでしょうか。

自分らしく働くための
ヒント 8

小さなできることを増やしてストックしていこう

仕事も出会いも量が質をつくる！最初から質は求めない

さて、「やりたいことがわからない」ときは、まずは「冷蔵庫の中身を増やす」ことの大事さについてお伝えしました。このときに意識していただきたいことが**「最初から質を追い求めない」**ことです。

「良質な材料を使って料理をしたい」と思っても、そもそもどこで質のいい材料が買えるのか知る必要がありますし、質のいい材料を見極めなくてはいけません。

でもそれって最初からは難しいですよね？

何度も買ってみて失敗して、「あれ？ 思っていたのと違うな」「こんなはずじゃなかったんだけど」と、試行錯誤を繰り返しながら、やっと「いい材料」がわかるようになるのではないでしょうか？

最初から質を追い求めすぎると、一歩を踏み出す心理的ハードルが高くなってしまう面もありますし、うまくいかないときに必要以上に落ち込んで自分が苦しくなってしまいます。

私自身も身をもって実感していることがあります。それは、私が「昔、雑誌記者の仕事をしていたんですよ」とお話しすると、「文章ってどうやったらうまくなりますか？」とご質問いただくことがあるのです。でも、たくさん書くという「量」がとても重要なんですよね、すぐにはうまくなりません。

新人記者の頃って、ものすごい量を書いて、何回も何回も直されるんですね。その過程で「わかりやすい文章」を書く技術が磨かれていきます。

仕事のスキルだけでなく、人との出会いも同じです。人との出会いで私たちの人生は大きく動きます。みなさんも振り返ってみると、そんな人生を変える出会いがあるのではないでしょうか?

私は友人の紹介で会社の共同創業者たちと出会いました。「女性が生き生き働き続けられる社会をつくりたい」とやりたいことを口にしていたら、「そういうことだったら○○さんを紹介してあげる」「それならルームメイトの○○ちゃんとぜひ話してみて!」とお声がけいただきました。そんなふうにたまたま引き寄せられて、働く女性向けの勉強会の企画や運営を通じ、意気投合して起業へとつながっていきました。思えば不思議な縁です。

でも共同創業者二人との出会い以外にもたくさんの方々との出会いがあり、「何か一緒にやりましょう!」「今度何か企画したいですね!」と盛り上がることもしばしばあります。出会いの量もたくさんあって今があるんですね。

ある人との縁がきっかけで転職したとか、働き始めたとか、仕事や人生を考えるうえで人との出会いはかけがえのない要素です。人とのかかわりによって私たちの仕事も人生も大きく動いていきます。ただ、私は良質で運命的な出会いをピンポイントで手に入れることは難しいと考えています。仕事も出会いも量が質をつくるのではないでしょうか。

私がこれまで出会った**仕事で良質な縁を引き寄せている人はよほど才能のある人でない限り、みなさんしっかり行動されています。**社内外の飲み会や食事会、イベントやセミナーに顔を出してみたり、副業をしていたり、SNSで発信してみたり……。自分がしっくりくる方法でいいので「やりたいことがわからない」ときは、まずは興味のおもむくまま、行動量を増やすことを意識してみましょう。

自分らしく働くための
ヒント 9

まずは「量」を増やしてしっかり行動を起こそう

「言わない」はもったいない！仕事も仲間も言葉が引き寄せる

行動量を増やすなかでぜひ意識的にやっていただきたいのが**「言葉にすること」**、そ**してそれを「人に伝えること」**です。

「副業の仕事ってどうやって探したらいいんでしょうか？」

これもよくいただくご質問です。でも私が「副業をやりたいことを周りに話していますか？」とたずねると、多くの方が「あ、それは……（まだです）」と黙り込んでしまいます。「会社に内緒で副業したい」といった事情でしたら周囲に話すのは難しいかもしれませんが、副業が解禁されている場合でも、意外とみなさん口にされていないんですよね。

完璧に形が整っていないと口にしてはいけない、と思っている人が多いのかもしれません。素敵でも完璧でなくてもかまいませんので、今、感じていること、思っていることを周囲と共有してみるのはどうでしょう？

物理的に口頭で「今、こういうことを考えていて」と話すのでもいいですし、ブログやSNSを通じて発信するのもおすすめです。とにかくみなさん自身のことを、もっと周りと共有してみていただきたいのです。

私が会社の共同創業者と出会ったのは友人の紹介がきっかけです。冷静に振り返ってみると会社を一緒につくるって人生のなかでもかなり大きな意思決定のひとつだと思います。でも、知り合ったきっかけがもともと大学の同級生だったわけでもなく、職場の同僚だったわけでもないんです。

会社員を辞めてフリーランスになった私は、人に会うたびに「女性が生き生き働き続けられるような支援の仕事がしたい」と言い続けていました。具体的なビジネスアイデアやプランがあったわけではなく、「どうしたらいいんだろう?」というモヤモヤも含めて口にしていたんですね。

当時はフリーランスとして活動する楽しさやワクワク感もある一方で、先の見えない不安感もありました。「あの山に登りたいなぁ」という方向性はあるのだけれども、「登り方がわからない状態」といったらいいでしょうか。

ただ、**「話す」は「手放す」ことでもあります。当時の私自身はモヤモヤや不安も含めて人に話すことで、ネガティブな気持ちを手放して、思考を整理していた**ように思います。

すると「同じようなことを言っている人がいるよ!」「そういうことなら○○さんと話したらいいよ!」と周囲の友人たちがすすめてくれて共同創業者たちと出会い、モヤモヤを解決する糸口へたどりつけましたから。

私たちの会社はフリーランスとして働きたい人と企業の仕事のマッチングサービスをしているのですが、創業したての頃は顧客企業もフリーランスとして働きたくてご登録してくださる人も、友人や友人の友人ばかり。心の底から人とのつながりのありがたさを感じました。

みなさんの周りにいる人たちは、みなさんが思っている以上に力になってあげたいと思っているはずです。だからこそ、**やりたいことはもちろん、モヤモヤや不安も含めて可能な限り周囲と共有することが、ありたい姿への近道**になります。

自分らしく働くための
ヒント 10

「やりたいこと」はどんどん口に出して言霊にする！

「壁」を感じるときはいつもの場所から「越境」してみる

「やりたいことがわからない」
「今の自分でいいのだろうか」

毎日の生活に行き詰まりや退屈を感じることって誰にでもありますよね。特別に大きな不安や不満があるわけではない、でもどこか「足踏み」している状態のような感覚、みなさんはないでしょうか？

そういうときの解決策として、私は**「いつもの場所」から「越境」することをおすすめしています。**ここでの**「越境」とは「現在の自分が置かれている環境とは違う環境に身を置くこと」**で、具体的には副業・兼業（パラレルキャリア）や外部での学び直しなどを指します。

実は私も20代後半から30代前半の「越境」で、日々の「行き詰まり」を抜け出したことがあります。

その頃の私は社会人になって初めての社内異動で新しい部署に移りました。ところが、なかなか新しい部署の仕事になじむことができず失敗ばかり。

「この仕事は自分に向いていないかも」

「これからどうしよう」

そんなときに友人が「一緒に夏休みにでもフィリピンに行かない？」と誘ってくれ

ました。彼女は会社員として働くかたわら、フィリピンの児童養護施設の子どもたちを支援するボランティア団体に参加していて、日本で寄付金を募るためのさまざまなイベントを行っては集めた寄付金を持って子どもたちを定期的に訪問していました。

学生時代に旅行が好きだった私は、彼女に誘われるままにフィリピンの施設を訪問しました。そこは100名以上の子どもが生活している施設で、経済的理由などで親元にいられない子どもたちが一緒に暮らしていました。大きな子どもが小さな子どもの面倒をよく見ていて、まるで大きなひとつの家族のようでした。

子どもたち一人ひとりに夢があって、その夢を私に聞かせてくれました。その夢に耳を傾けるうちに、私も「自分のやりたいこと」を形にしていきたいと思うようになりました。

私はフィリピンの施設訪問から帰った後も、友人が参加していたボランティア団体に自分も参加し、仕事のかたわらチャリティーイベントの企画・運営にかかわるようになったのです。その流れで世界の子どもたちを支援するためのチャリティーマラソン大会の事務局で3年間ほどボランティアスタッフとして活動しました。

学生時代からずっと文化系で運動らしい運動は何ひとつしたことがなかった私が、チャリティーマラソンにかかわるなんて人生ってわからないものです。

事務局で私が主に担当したのは、ホームページやSNSを運用したり、プレスリリースを書いたり配信したりする広報と、大会のスポンサー企業を集める協賛営業の仕事でした。

運営事務局に集まっていたのは学生や社会人。みんな昼間は学校に通ったり会社に行ったりしているので、活動は主に平日夜間と週末でした。

ボランティアを始めてからは、ミーティングがある日は18時頃で仕事を切り上げ、渋谷のカフェに集合。終電間際まで議論を続け、時間を忘れるくらい活動していたことが懐かしく思い出されます。

この体験で良かったことのひとつは「自分の強みがわかった」ことです。私は当時、本業では出版社に勤務し編集記者をしていたので、書くことが仕事でした。ただ、周囲には文章が上手な人がたくさんいるので、そのことが自分の強みだという認識はもてなかったのです。**でも「越境」してみると、その「書くスキル」「伝えるスキル」を必要としてもらえました。**

団体のホームページ作成やブログ記事の執筆、メルマガやSNSの運用にかかわることで、ボランティア仲間たちから「(文章が)わかりやすい」と言ってもらえてうれしかったですし、「ああ、これが自分の強みだったんだ」と、やっと認識することができました。

人との出会いも大きな財産です。会社勤めをしていると、ともすると人間関係が固定化しがちではないでしょうか？

でも、私自身はボランティアを通じて10代から60代まで年齢も職業もバラバラの、本当に多様な仲間との出会いがありました。なかには独立してフリーランスで活動している人や、自分で会社を経営している人との出会いもあり、後の自分の独立の後押しにもなりました。

日常に行き詰まりを感じている人はぜひ「今いる場所」から一歩外に出てほしいのです。P.194で自分に合った「越境活動の見つけ方」について紹介していますので、無理のない形で一歩踏み出してみましょう。

自分らしく働くためのヒント 11

「越境する」といつもと違う自分が認識できる!

40代以降は「意識的に」居場所を移す！

見慣れた景色から一歩踏み出す「越境」の大切さは先にお伝えした通りですが、特に40代以降はぜひ意識して居場所を移すことを強くおすすめします。

40・50代は「中年の危機」（ミドルエイジ・クライシス）とも呼ばれ、仕事を通じた今後の人生を考えるうえでとても難しい時期なのです。

20代〜30代の頃と比べると、仕事を通じた成長実感が得づらくなったり、組織内での昇進・昇格の可能性などもある程度わかってきてしまい、行き詰まりのような感覚をもったりする時期だからです。心当たりがある方もいらっしゃるのではないでしょうか？ 私も40代に入って最初の数年間はなんとも言えない「足踏み状態」のような気持ちになった一人です。
また、50代後半になると「役職定年」といって役職を退任し、専門職や一般職に異動となる場合もありますね。企業の組織の活性化と人件費削減が制度の目的ですが、この時期に働く意欲が低下してしまう人もいらっしゃいます。

40代以降は私生活も向き合わなければならない出来事が増えてきます。全体的に晩婚化・晩産化が進んでいますから、40代でも子育て真っ盛りという人もいますし（わが家も子どもはまだ5歳です）、両親の介護、自身や家族の病気などが重なってくる時期でもあります。

一方で、今は人生１００年時代。年金の支給開始年齢の引き上げもあり、70歳くらいまでは働く心づもりをしておいたほうがいい時代となってきています。長い期間働くことを考えると、どれだけスキルや経験を獲得しても、残念ながらどんどん陳腐化していってしまいます。だからこそ、新しいスキルを身につける必要性が年齢を重ねるにつれて増えていくのです。
でも、同じ場所にいると、なかなか新しいスキルや経験は得にくいもの。ですから、40代くらいから「居場所を移す」ことで視座を変える意識をもつことが大切なのです（もちろん、私生活が大変な状態でしたら、まずは落ち着いて心身を整えてからで！）。転職や独立だけでなく、社内異動や新しいプロジェクトに手を挙げるのもいいですし、副業やＰＴＡ活動、ボランティア、大学院や講座での学びもおすすめです。

「でも、失敗したらどうするんですか？」

わかります。失敗したくないですよね。ですが、私は**「失敗は決して無駄にならない」**とも思うのです。私自身も仕事で数え切れないほどの失敗やしくじりがあります。会社員を辞めて駆け出しフリーランスの頃は、口約束で気軽に仕事を引き受けたら、何回も打ち合わせに行っていたにもかかわらず、先方の事情で突然プロジェクトがストップしてしまい、報酬はもちろん交通費も支払われず「ごめんね」のひとことで済まされてしまったり、雪だるま式に仕事が増えて困ったりしたこともありました。
ただ、そうした経験から、フリーランスには自分の代わりに仕事の内容や条件を企業側と間に入って取りまとめたり、交渉したりする人が必要だと感じました。自分のように困るフリーランスの人を増やしたくないという思いが、今の事業につながっています。心身を危険にさらすような失敗は避けたほうがいいですが、仕事上の多少の失敗や「こんなはずじゃなかった」経験はそれを機会に気づいて、次の自分のステップにつながっていくため、**「その選択をしたから絶対に間違いだったとは言えない」**と私は考えています。

自分らしく働くための
ヒント 12

年齢とともに「変化」を自分で起こすことが大事

打席に立つ自分を信じよう 能力よりも結局は「やりたいかどうか」

みなさんは今の仕事がご自身に向いていると思いますか？　仕事に限らずＰＴＡやボランティア活動でも結構です。ご自身が今、取り組んでいることはご自身に向いていることでしょうか？

私は自分に自信がないタイプなので、「この仕事は私に向いていない」と、実はしょっちゅう思ってしまいます。

私の良くない思考の癖は「人と比べること」です。今は仲間と会社を共同経営していますが、共同経営者たちと自分を比較してはできないことばかりに目がいってしまい、ちょっとしたことを気にしてクヨクヨ、10年も同じ仕事をしているのにいまだに「向いていない」と感じることがあります。

ただ、振り返るとあんなに天職だとまで思っていた雑誌記者時代も「向いていない」としばしば悩んでいました。

「私よりももっと面白い企画を考えられて、文章がうまい人はたくさんいるだろう（なぜ私はこんなにもできないのだろう）」とよく考えていました。

思考の癖を抜け出すのってなかなか難しいですよね。

先日、友人にこの相談をしたら、「それって考えることに意味があるの？」と問われ、あらためてハッとしました。

年齢を重ねて、仕事を通じて多様な働き方の事例を見ることで、私なりにわかってきたことがあります。それは**「打席に立っている自分を信じる」ことの大切さ**です。自分より優秀な人は世の中に大勢いますし、自分以上に結果を出せる人もいるかもしれない。だけど、**その瞬間、その打席に立っているのは、まぎれもなく世界中でただ一人、自分自身だけです。**

そのことが奇跡だし、素晴らしい機会。その機会に純粋に感謝して、自信をもってバットをふっていけばいいのです。

せっかくそんな機会があるのに、「私に向いていないんじゃないか」「能力がないかも」と「打席に立っていること」自体に疑問をもってしまうのは、とてももったいないこと。せめて**自分だけはどんなときも誰よりも自分の味方でいたいもの**です。

人も環境も永遠に変わらない関係性はないので、変化はつきものです。その仲間とその役割で働くのはひょっとしたら今日で最後かもしれません。半年後あるいは1年後のことなんて誰にもわかりませんからね。であれば、その瞬間を味わって楽しむことが何よりも大切だと思いませんか？

向いているかどうかって究極的にはわかりませんし、大事なのは「やりたいか、やりたくないか」。

本当に向いていないと思うならいつ辞めたっていいわけですし、やり続けたら向いていなかったとしても、何かしらの前進があるかもしれない。本当にやりたいことなら、たとえ向いてなくても能力がなかったとしても、挑戦すれば無駄にはならないと私は思います。

自分らしく働くためのヒント 13

後ろ向きに考える時間ほどもったいないものはない

働くことは生きること！人生のテーマがあると、仕事も学びも選びやすい

さて、Chapter1を通じて「自分らしく働く方法」にたどりつくための考え方のヒントをお伝えしてきました。

あらためて、みなさんにとっての「働く」とはどんなことでしょうか？

私は**働くことは「生きること」**だと思い、いろいろな場所で書いたり、お話ししたりしてきました。

私がそう思うようになったきっかけは2つあって、ひとつは雑誌記者時代の経験で

す。担当していた雑誌の人気企画のひとつが時間管理術に関するものでした。より効果的な時間の使い方を考える企画ですね。

専門家から一般の方までさまざまな時間の使い方を取材しながら、自分でも1日の時間の使い方を何度となく書き出してみました。

そのとき「いかに多くの時間を仕事に使っているか」をつくづく感じたのです。

仮に1日8時間働いて睡眠時間が7～8時間だとすると、1日24時間しかないわけですから、起きている時間の半分かそれ以上は働いているんですよね。残業を考慮したら、とても1日の労働時間は8時間ではおさまらない人も多いはずです。

それだけの時間を使うのであれば、もはや人生そのものですし、自分が本当に興味のあること、関心のあることを仕事にしていきたいという職業観につながっていきました。

2つ目のきっかけは東日本大震災です。実は、大震災は私が会社員を辞めて独立したきっかけです。

震災当時の私は関東圏にいたので、自分が大きく罹災したわけではありませんでしたが、初めて死をリアルに意識した出来事でした。

私たちは、ともすると明日も明後日も当たり前のように人生が続いていくと思ってしまいがちですが、**「私が私として歩む人生は一度きり」**なんですよね。

震災でそれを痛感しましたし、後悔なく生きたいと強く思うようになり、自分が心からやりたいことを仕事にしたいと考えて会社から独立しました。当時は女性の働き方に課題を感じていて、それを解決したいと考えていたからです。

今の私にとっては、一人でも多くの人の「自分らしい働き方」の実現を通じ、その方々の喜びや幸せに貢献することが人生のテーマになっています。

このテーマが見えてきて、記者で取得するのは珍しいと当時は言われましたが、会社員時代にキャリアカウンセラーの資格を取り、このテーマを口にし続けていたから、仲間との出会いがあって今の仕事につながっています。

自分らしく働くための
ヒント 14

人生のテーマが決まると仕事も学びも選びやすい

人生のテーマがあると仕事も学びも選びやすいと私は感じています。テーマがあってそこにアンテナを立てていると必要な情報や出会いが集まってくるものです。「カレーを食べたいなぁ」と思って意識しているとカレー店が目につきやすくなるような、そんな感覚です。

そして、このテーマはそのときどきで変化していってもいいと思っています。年齢や置かれている状況次第で興味・関心は変わりますし、価値観・職業観も変わっていきます。今のみなさんの人生のテーマは何でしょう？ 本書には、みなさんが見つけられるようなワークシートも入れているので、一緒に見つけていきましょう！

Chapter 1

私には「何もない」は大いなる誤解

まとめ

- ☑ 強みは自分のなかに誰もがすでにもっている
- ☑ 働いていない期間も、仕事の種を蒔いている
- ☑ やりたいこと以外にも、無意識にやってしまうことは得意なこと
- ☑ 最初からパーフェクトを目指す必要はない
- ☑ 後ろ向きに考えている時間は何よりもったいない!!
- ☑ 年齢とともに意識的に居場所を変化させることが必要

Chapter 2

実例で解説！自分らしい働き方の実現プロセス

Case 1

12年間の専業主婦、フリーランス歴5年を経て50代で再び正社員へ！

Chapter2では転職や副業、フリーランス、離職からの再就職などを通じて、自分らしい働き方を実現した人たちのストーリーをご紹介していきます。

最初にご登場いただくのは50代の浜田優子さん（仮名）。専業主婦やフリーランスを経て、50代で再び正社員として働き始められました。どのようなきっかけや考えのもと、柔軟に働き方を変化させてきたのでしょうか？ さっそく見ていきましょう。

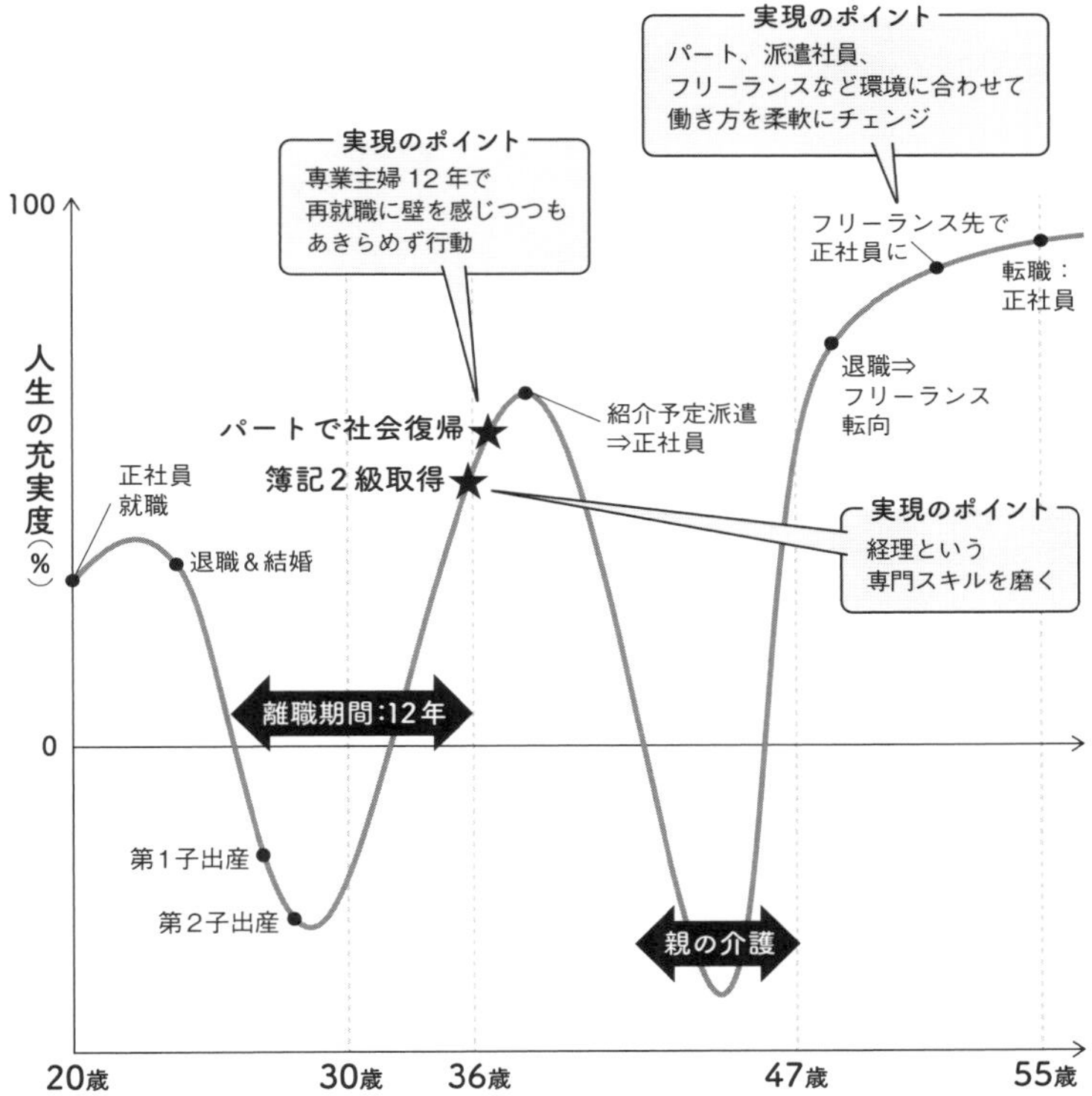

20代半ばで寿退社してから12年間、専業主婦。ハローワークで見つけたパートのお仕事で社会復帰してから、派遣社員を経て正社員に。40代で親の介護をきっかけにフリーランスへ。その後、「人生の集大成のような仕事がしたい」と50代で正社員として就職。

ライフラインチャートとは？

「ライフラインチャート」とは、横軸に年齢、縦軸にそのときの充実度を入れ、線で表していく自己分析の方法。会社や学校の研修・授業でもよく使われます。詳しい書き方はP.116に紹介しているのであわせて見てください。

※Chapter2で掲載されているライフラインチャートはご本人の作図をもとに作成しています。

Q 浜田さんの今までの仕事の経歴を教えてください。

短大卒業後、中堅の建設会社で正社員として働き始めたのが社会人のスタートです。たまたま経理部の財務課に配属され、4年ほど勤務しました。パソコンが一人一台なかった時代なので、紙で伝票を起こす仕事をしていました。まだアシスタントのようなものだったと思います。この時点で、それほど深い仕事経験が積めたわけではありませんでした。

その後、結婚と同時に寿退社をし、子育て期間中はずっと専業主婦をしていました。この期間を経て12年ぶりにいざ働こうと思い、まずは前職経験を活かそうと、簿記2級を取るために簿記の学校へ行きました。

その後、派遣会社に登録しようと動き始めたのですが、離職期間の長さを理由に登録させてもらえなかったのです。社会の厳しさに心が折れそうでした。「もう自分なんか必要されていないいんだな」となりそうでしたが、あきらめたらそこで終わりじゃないですか。「悔しい！」「自分だってできるはず！」って自分を奮い立たせていました。負けず嫌いなところがあるのかもしれませんね。

やっと近所のハローワークで小さい会計事務所でのパートの仕事を見つけて再就職しました。

会計事務所で仕事をしてみて、あらためて企業で経理の仕事をしてみたいと思ったので、派遣会社に再度登録に行きました。このときは会計事務所のパート勤務の経験があったので登録させてもらえました。

そして、紹介予定派遣で精密機器メーカー財務担当者として再就職し、後に正社員になりました。その後、財務ではなく経理の仕事がしたくなり、流通系のベンチャー企業に正社員で転職しました。

親の介護があり、5年のフリーランスの期間を経て、現在は社員数100名弱くらいのメディア関係の会社で経理部門の立ち上げから一人で担当しています。

最近、派遣社員の方も一人加わるようになりましたが、社内に経理の仕事の経験者がいらっしゃらなくて、それで経理経験があって一人で幅広くできそうな社員を探していたところに応募して採用されました。

Q　一貫して経理の仕事をされている理由は？

新卒で働いていたときは、経理の仕事が「自分に向いている仕事か」なんて考えたこともありませんでした。消極的かもしれませんが、ただ、配属されたから取り組んでいただけです。

今にして思えば、当時の会社の人事の方が客観的に見て適性があると考えて配属してくれたのでしょうし、幸い数字を扱うことが嫌いではないのですよね。経理特有の論理的な思考や考え方も好きなので、それが結果的に長く続けられている要因だと思います。

Q 専業主婦後、「もう一度働きたい」と思ったきっかけを教えてください。

「寿退社」って今では死語ですけれど、当時は「結婚したら女性は仕事を辞める」ことが一般的でしたし、正直言って私には「子育てしながら働く」ということがまったく想像できなかったのです。

当時は実際に子育てしながら働いている人も周りにほとんどおらず、お手本になるような人もいなかったですから。

ただ、専業主婦って社会との接点がそれほど多くはないですし、子ども二人を育てる毎日で行き詰まることもたくさんあって……。自分も徐々に外へ出て仕事をしたいと思うようになりました。

子どもが大きくなるにつれて、この子たちが高校生や大学生になったときに「母親としてというより、一人の女性として私はどうしていたいのかな?」と自問するようになりました。そのなかで働きたい気持ちが大きくなっていきました。

そして、一番大きいのは首都圏への夫の転勤です。専業主婦時代は夫の仕事の都合があり、地方都市で暮らしていました。

また、下の子が小学生に上がったのもきっかけのひとつです。学童に入ることができたのと、周りのお母さんたちも地方より働いている人が多かったことも自分のなかで後押しとなりました。

Q　途中で正社員の仕事を辞めてフリーランスになった経緯を教えてください。

両親の介護が理由です。父と母が立て続けに体調を崩してしまい、40代で「まだ先のこと」と思っていた介護問題に直面しました。

しばらくは時短勤務や有給休暇でやりくりをしていましたが、限られたスケジュールのなかで正社員としてこれまでのように仕事をこなすのは難しくなっていきました。

専業主婦を経て、苦労してつかんだ正社員の仕事だったので続けられたらよかったのですが、やむをえずフリーランスになり、5年ほどの間、経理の仕事を続けてきました。

Q 50代で働き方を変えたいと思った理由は？

50代も半ばになって、自分の仕事人生の集大成となるような仕事にかかわりたいと思ったこと、中長期的に会社の成長に貢献できるような働き方がしたいと思ったことが大きかったです。

フリーランスだと複数の顧客企業と数ヶ月から1年程度のプロジェクト単位でかかわる働き方になるので、正社員として腰を据えて業務に取り組む機会がほしいと思ったのが大きな理由です。

Q 浜田さんが自分らしく働くための秘訣とは？

ひとつは「臨機応変であること」ですね。「自分らしく働きたい」って思っていても、人生って本当にいろんなことが起こりますから。

私もそうでしたけれど、介護や育児など自分以外の家族の要因による影響も大きいものです。そんなときにどう対応するかが重要だと思います。

一度働くことをやめる方法もあるし、会社員ではなく、フリーランスで仕事を継続する方法もあります。周りにも相談しながら柔軟に選択していくのがベストだなと思います。

あとは**「とりつくろわない」のも大切**かな、と思います。

「自分らしく働く」って自分が「素の自分でいられる」っていうことだと思うのです。

「なんでもやります！」「御社のカラーに染まります！」って言っても、社風や会社が求めるものに合わなければ自分がつらくなるだけですから。

自分ができること、できないことを素直に伝えて、あとは周りの人にも助けてもらいながら仕事に取り組むのが、今の「自分らしい働き方」です。

自分らしく働くための
ヒント 15

環境に合わせて臨機応変に働き方を変える

Case 2

経営者・契約社員・業務委託……
複数の働き方をかけ合わせ
自分らしい働き方を実現！

政府方針の変更もあり、副業を解禁する企業が増えてきました。「興味がある」「副業をやってみたい」そんな読者の方も多いのではないでしょうか？

ここでは会社員として働くかたわら、副業で着実に経験を積み、現在は経営者と契約社員と業務委託のパラレルワークで生き生きと働く、30代の柾木秀雄さんの事例をご紹介します。

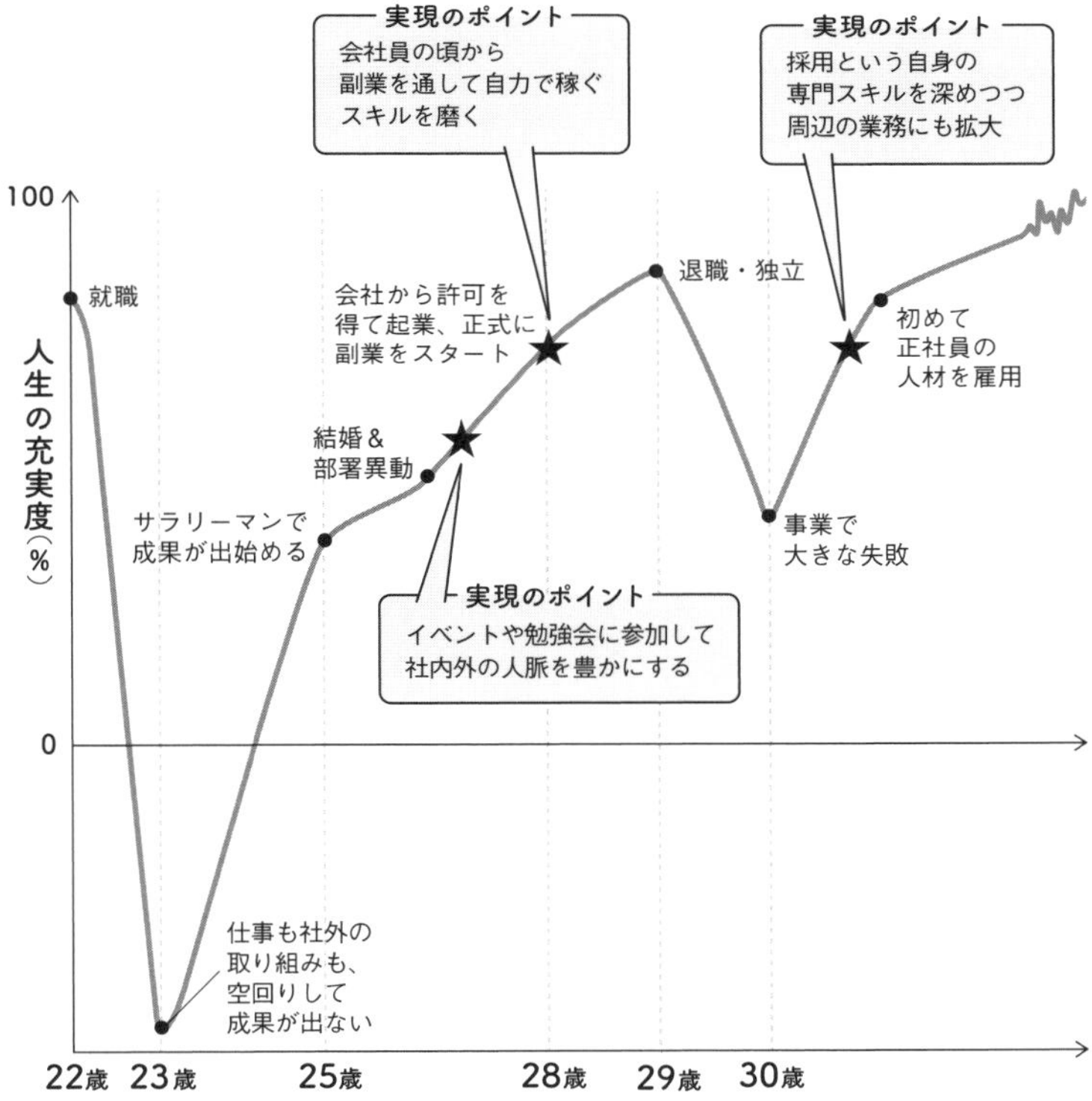

新卒で人材サービス企業へ正社員で入社。在職中に副業をスタートして自分の力で稼ぐ経験を積み、30歳目前で独立。事業上の失敗を経験しつつも現在は社員２名を雇う経営者。並行して契約社員や業務委託、家業の手伝いなどもしているパラレルワーカー。

Q　柾木さんの現在の仕事を教えてください。

今は会社を経営していて社員が2人います。時期によっては自分自身が契約社員として働くこともありますし、業務委託で貸し農園の運営にたずさわったり、実家の家業の手伝いをしたりもしています。

なので、経営者と契約社員、業務委託の3つを行っているという状況です。その内訳はメインが会社経営で、主に企業の採用支援の業務を行っています。採用戦略の策定や採用計画の立案などの業務から求人広告の作成やスカウトサービスの業務代行まで幅広く対応しています。最近では採用から派生して、企業の人事制度や評価制度などを通し、組織づくりのご支援をする機会も増えてきました。

最初は一人でフリーランスとして業務を受けていたのですが、ありがたいことにいただくお仕事が増えてきたので人を雇うようになりました。

契約社員の仕事は、前職の関連会社で声をかけていただいて、先方の繁忙期に3ヶ月~半年程度プロジェクトに入っています。

Q 複数の働き方を並行して行っている理由とは？

私は採用関係の仕事をしているのですが、この仕事は景気の影響をどうしても受けやすいのです。不景気になると企業は採用活動を控えるようになりますから。そういう事態になったとしても困らないように、別の事業の経験を身につけるために業務委託で農園の仕事をしたり、家業の手伝いをしたりもしているという事情があります。

Q 今までの仕事の経歴を教えてください。

新卒で人材サービスの会社に入りました。前半の5年は人材紹介の営業とキャリアアドバイザー、後半は人事部で自社の採用活動を担当していました。

7年半在籍してフリーランスとして独立しましたが、会社員時代の経験が大きな基盤になっています。

また、実家が商売をしていたこともあり、いつか自分も独立したいという思いはありました。

Q　副業を始めたきっかけとは？

経営者をしている知人から「将来的に独立したいのなら自分の力でお金を稼ぐ経験をしておいたほうがいいよ」とアドバイスされたのがきっかけです。知り合いの伝手《つて》でコーチングやライティングの仕事をもらったり、イベントの企画をしたりもしていました。

ブログやSNSで「副業しています」と発信すると、それを見た方からまたお仕事をいただきました。どういう仕事に対して、誰がどれくらいのお金を出すのかをリアルに経験できたのは独立の後押しにもなりました。

Q 会社員時代に経験しておいて良かったことは？

社内外の人と積極的に交流したことかなと思います。社外については将来的に独立を視野に入れていたこともあり、意識して勉強会やイベントに顔を出すようにしていました。

社内は意図していたわけではないのですが、結果的に社内イベントに登壇したり、一緒に飲みに行ったりした関係から独立後に仕事をいただくことも多かったのは事実としてありますね。

人とのつながりのありがたさを実感しています。

Q 柾木さんが自分らしく働くための秘訣とは？

「自分らしい働き方」を実現するうえでは、働く時間も場所も収入も選択できるって大事だと思うのです。そういう意思決定を自分でするためには、心身ともに健康である必要があると感じています。

だから、イヤなことや苦手なことはやらないし、今後の自分の糧《かて》になるようであれば多少無理してでもやるという価値観を大切にしています。

たとえば社会保険労務士の勉強を1年ほど続けてきたのですが、資格取得までの時間と労力を考えて思い切ってやめました。今はSNSも積極的にはやっていません。

あとは、経験的に何事も「最初からうまくいく」とはあまり思っていないんです。とりあえず、やってみないと向き不向きもわかりませんし。ですから「まずはやってみる」姿勢も大事にしていますね。

Q 今後の働き方について教えてください。

今はまだ30代で体力もありますから、多少の無理をしてでも仕事に時間を使って経験を増やす時期だと考えています。

一方で仕事するだけが人生ではないし、家族や友人に加えて、これから出会う人とのつながりを大切にしたいと思っています。
そのためにも、周りの人たちと少しでも楽しい時間を過ごせるように目の前の仕事を頑張りたいですね。

自分らしく働くためのヒント 16

時代の流れも考慮して副業で「稼ぐ力」を身につける

Case 3

17年間の離職期間を経て40代後半でベンチャー企業へ転職！仕事を通じて新たなスキルを磨く

今は、ベンチャー企業のフルタイム正社員として働いている馬場みどりさん（仮名）。昨年40代後半で転職したばかりだといいます。17年という離職期間を経て、正社員としてまた働き始めた秘訣をお伺いしました。

Q　馬場さんの今までの仕事の経歴を教えてください。

昨年転職しまして、ベンチャー企業のフルタイム正社員として働いています。仕事内容は、人事・労務、総務、広報など管理部門業務を幅広く担当していて、業務範囲

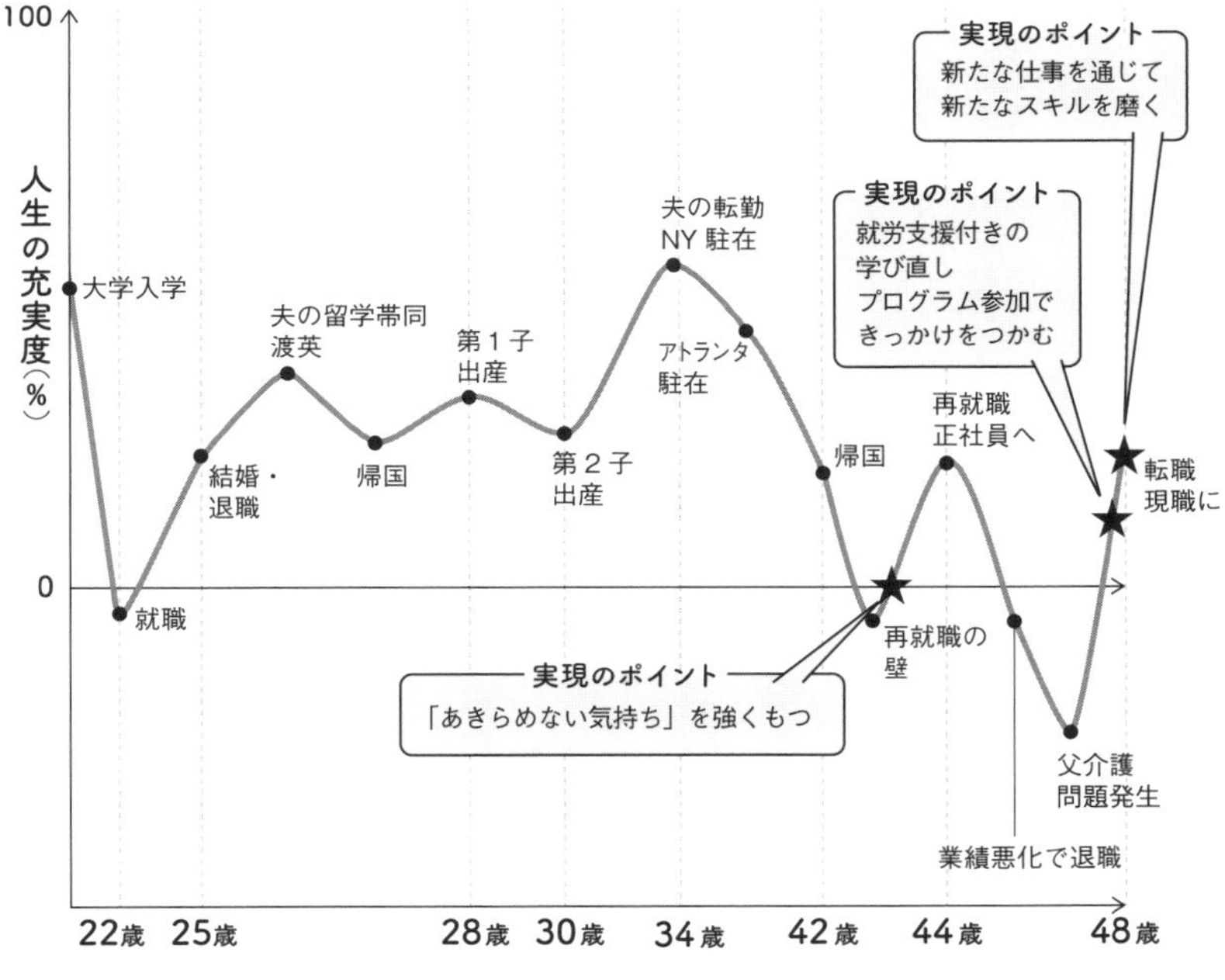

新卒時に公務員として就職するも結婚と夫の転勤帯同のため25歳で離職。その後、17年間専業主婦。42歳で帰国し再就職活動するが大苦戦。ハローワークで見つけたパートの仕事で再スタート。転職先の業績悪化で退職し、昨年ベンチャー企業へ再び転職。

が多岐にわたるのはベンチャー企業ならではだと思います。何でも挑戦させていただける土壌に感謝し、日々奮闘しています。

新卒のときは公務員として就職しましたが、結婚と夫の転勤帯同のため25歳で離職。夫の度重なる転勤へついていったことや二人の子どもの出産・育児などもあり、40代になるまで17年間専業主婦をしていました。

42歳で帰国したときに再就職しようとしたところ離職経験の長さがネックとなり大苦戦しまして。ハローワークで見つけたパート社員の仕事でなんとか再就職しました。その後、別の会社で正社員として就職したのですが業績不振で退職。そんななか、縁あって昨年から今の会社で働き始めました。

Q 馬場さんの転機は?

現在の仕事につながる転機は、昨年ベンチャー企業の管理部門の仕事を学び、就職を目指す就労支援付きのリスキリングプログラムに参加したことです。

長年の専業主婦を経て、44歳でやっと再就職した会社を業績悪化で退職することになってしまい、次の仕事に悩んでいた時期でした。同じ志をもつ仲間とともに学び、再就職に挑戦できる貴重な機会と考え、応募しました。

Q 馬場さんが転機のために努力したこと、気をつけたことは？

今回の転職活動では大手転職サイトもいくつか利用したのですが、膨大な量の求人データからマッチングやスカウト機能を使っても相性の良い企業と巡り合えるのは稀有なことだと実感しました。

そこで、前述のプログラムで出会ったキャリアカウンセラーの方の力を借りることにシフトしました。「自分には年齢に応じた深いスキルがないのではないか」と不安に思うこともありましたが、カウンセラーの方に、自分では気づいていない強みを言語化していただいて、的確に面接でアピールする方法も教えていただけました。

42歳で久々に再就職活動をしたときはまた大変で、働きたい気持ちはあっても離職期間が長いので書類で落とされてしまう。自分では変わっていないつもりなのに、年齢を重ねるだけで市場価値が下がっているという現実を突きつけられているようでとても悔しい思いをしました。「ダメでも失うものは別にない」「もうちょっとだけ行動してダメだったらあきらめよう」——悔しい気持ちをバネにハローワークにも粘り強く通いました。税理士事務所のパートの仕事から始まり、徐々にステップアップし、正社員としての再就職へつなげました。

Q 馬場さんが自分らしく働くための秘訣とは？

現在の職場はベンチャー企業なので自分よりも若い人が圧倒的に多いのですが、年齢を意識せず、フラットに接することを大切にしています。

今後へ向けては常に新しい業務にチャレンジすることを意識しています。同じことを続けていても成長がないので……。新しい仕事を通じて新しいスキルを磨くようにしています。たとえば最近では人事労務や広報業務に加えてマーケティング業務を担当するようになりました。

これだけ世の中にいろいろな働き方が出てきていますし、自分の可能性をつぶしたくない。親の介護問題も続いており、将来に関してはフリーランスなど、もう少し時間の融通をきかせられるような働き方を選ぶこともあるのかなと感じています。でも、そういう働き方ができるのも、売りになるスキルがあってこそですよね。ですから、仕事を通じたスキルアップを実践することで、自分らしい働き方の選択肢を広げていきたいと考えています。

自分らしく働くためのヒント 17

年齢を重ねても恐れず新たな環境へ飛び込む

Case 4

学び続けることが自信に！注目の新技術を身につけて充実度アップ

現在、コンサルティング会社でデータサイエンティストとして働いているという30代の西山貴之さん（仮名）。やりたいことが見つからないまま製造業の技術職として働いていたという西山さんに転機が訪れたのは20代後半。そこからどう転機を活かしたのかをお伺いしました。

Q　西山さんの今までの仕事の経歴を教えてください。

データサイエンティストとは、データを集めて分析し、ビジネスにおける意思決定

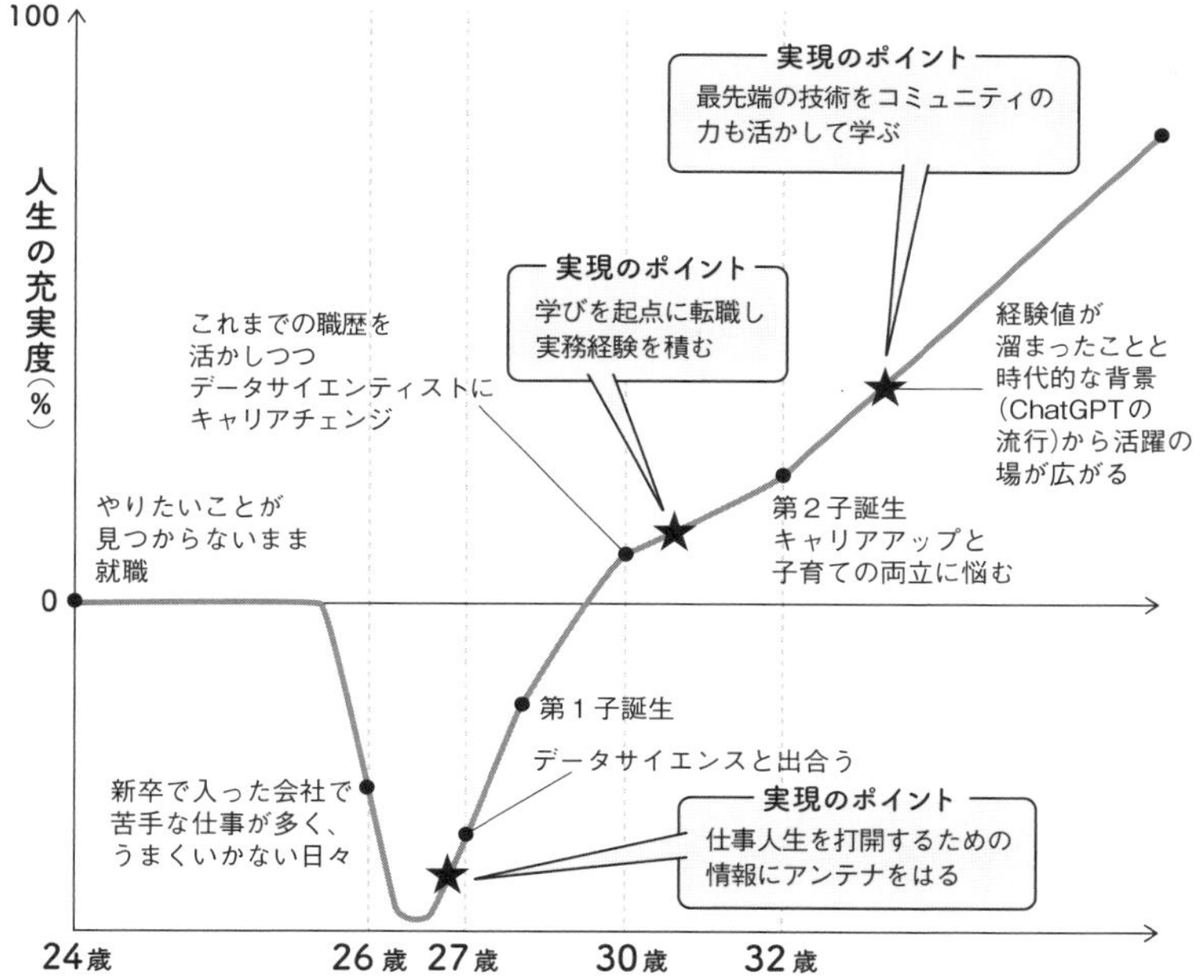

社会人になって初期の頃はやりたいことが見つからず、つらい日々。20代後半でデータサイエンスと出合ったことが転機に。書籍やコミュニティに所属して学び続け、学びを起点に転職。メーカーの技術職から最先端のデータサイエンティストへ！

に役立てる仕事です。私はコンサルティング会社で働いているので、顧客企業のもっている経営課題や事業課題を解決するためにデータを分析し、そこから解決策の立案や実行、効果検証をしています。

今の職場が4社目で、新卒のときはやりたいことが見つからないまま、なんとなく技術職として製造業の会社に就職して働いていました。苦手な仕事が多く、今思えば鬱々とした毎日を送っていました。

Q 西山さんの転機は？

20代後半でデータサイエンスと出合ったことです。今後の仕事について悩んでいるときに、たまたまテレビのニュースで見たり職場で話題に出たりして知りました。技術の発展速度が速くて「これは将来すごいことができるんじゃないか」と思いましたね。製造業の知識を活かしつつ、データ分析もできるようになりたいと考えるようになりました。

Q 西山さんが転機のために努力したこと、気をつけたことは？

データサイエンスに興味をもってからは片っ端から関連書籍を読み漁りました。ただ新しい領域なので独学には限界があって……。そんなときに役立ったのが同じ志をもった人が集まる学びのコミュニティの存在でした。

ネットを検索してリアルイベントも含めていろいろ参加したのですが、なかでも「ノンプロ研」（ノンプログラマーのためのスキルアップ研究会）といって、プログラマーではない人がプログラミングスキルを身につける支援をするコミュニティが非常に良かったです。

そこでは学びの情報が得られたり、コミュニティ内で自身が学んだりすることに加えて、仲間に教えるという経験もさせてもらいました。「教えることは二度学ぶことだ」という名言がありますけれども、本当にその通りで。教えることで知識が定着するんだということを実感しました。

並行して学んだことを活かして、ドローン技術を活用したベンチャー企業へ転職し、ドローンで収集したデータ解析の仕事をまかせてもらうことでデータ分析のスキルを磨きました。その後、システム開発会社でのデータサイエンティストとしての仕事を経て今に至ります。

Q 西山さんが自分らしく働くための秘訣とは？

私にとっては「学び続けること」ですね。最初は単純にデータサイエンスを「面白い」と思って学び始めただけでした。でも学んだことを活かしたくて学びを起点に転職を重ねて、そのうち1回は学びのコミュニティで知り合った方からの声かけだったりもしました。学び続けたことで仕事上の評価という意味でプラスになりましたし、報酬も上がりました。学び続けているから「この領域だったら人には負けない！」という自信にもつながっています。

最近ではChatGPTの登場でデータサイエンスの注目度がぐっと高まり、あらためて学んでいてよかったと思っています。

新しいスキルを学ぶときに「自分がやりたいこと」であることはもちろんですが、アンテナを高くはって「今後伸びそうな技術」「社会から求められそうなこと」を選ぶのも重要かもしれませんね。

データサイエンスの領域は猛烈な速度で進化していて、どれだけ学んでも終わりがない。今でも知識をアップデートし続けています。今後は効果的な学び方や仕事への活かし方を他の人に伝えられるようにもなっていきたいと考えています。

自分らしく働くための
ヒント 18

学びを仕事に活かし技術を深め続けよう

Case 5

体調不良でフルタイム正社員を断念消去法でフリーランスへ

現在は在宅中心で働いている、たくまのりこさん（30代）。体調を崩しがちで週5日勤務が合わなかったといいます。そんなたくまさんが自分らしい働き方を見つけられたのは消去法だったとのこと。そこにたどりつくまでの変遷を伺いました。

Q　たくまさんの今までの仕事の経歴を教えてください。

今はフリーランスでイラストレーターやメルマガ執筆の仕事をしながら在宅中心に活動しています。その前は会社員として働いていた時期もあります。ただ、語学学校、

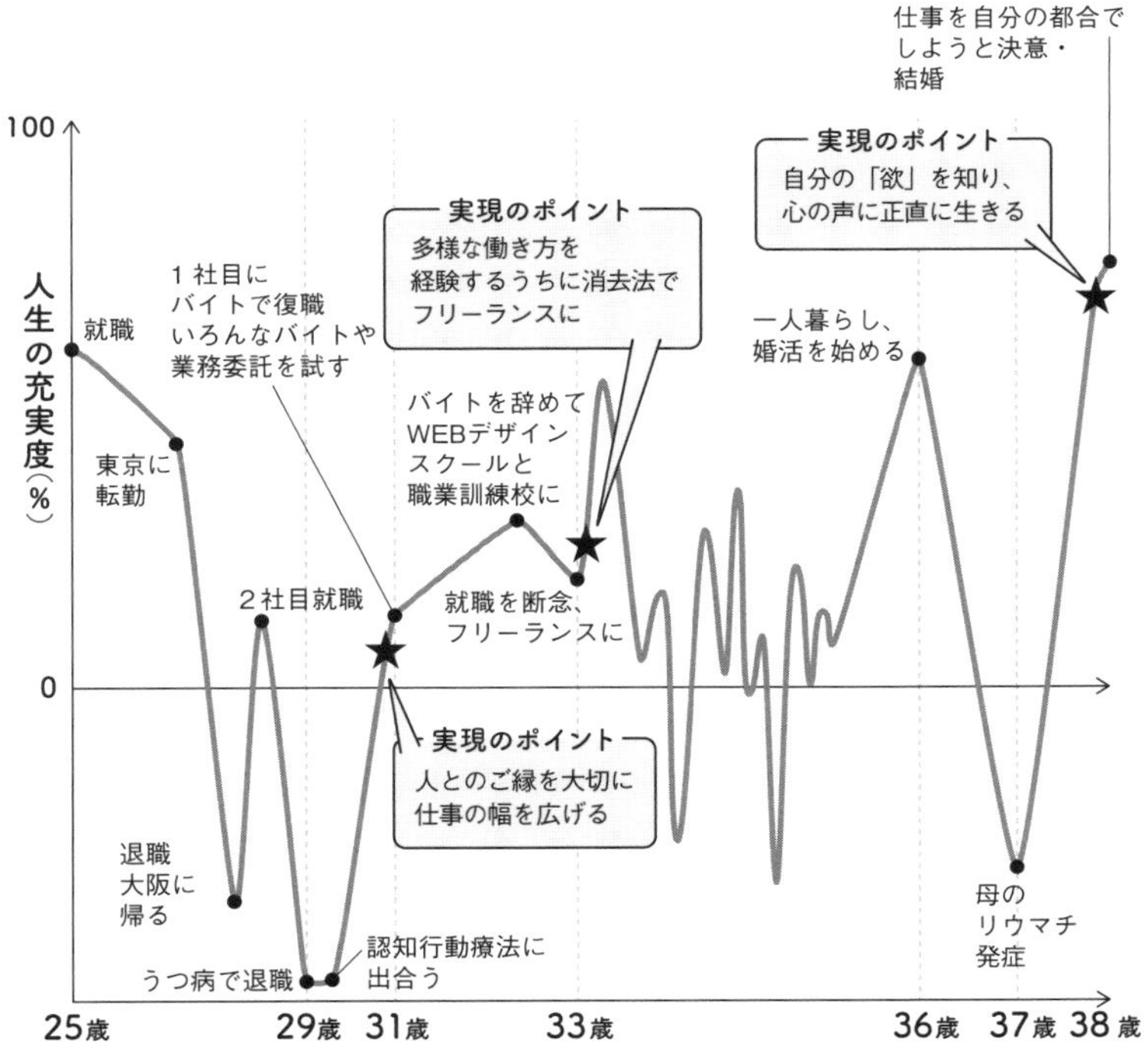

25歳で就職して3つの会社に会社員として勤務するも体調不良で退職が続き、働く時間と場所の自由度が高いフリーランスとして働くことを決意。WEBデザインやライティングなどの学びも重ね、現在はメルマガの執筆とイラストレーターの仕事を在宅中心で行う。

通販会社、工務店と業種の違う3社に勤めたのですが、1社目でも2社目でも体調を崩してしまって……。もともと虚弱体質で普通の方に比べて著しく体力がないんです。子どもの頃もよく学校を休んでいました。だから週5日勤務という働き方自体が自分に合わないんですよね。

決して「フリーランスになろう！」と積極的に目指したわけではなく、自分ができない働き方の選択肢を消していった結果、フリーランスにたどりつきました。

Q　たくまさんの転機は？

31歳から33歳くらいまでは「働き方モヤモヤ期」でしたね。体調不良で2社目を辞めて正社員はもう無理と思い知って。だからといって「そうじゃない働き方」をどう実現したらいいのか、いつもモヤモヤと考えていました。体調も落ち着いてきたのでアルバイトや業務委託の仕事を細々と試して、どれも楽しいし悪くはないけれどしっくりはこなかったです。

そんなとき、チラシなどの販促物制作に興味をもち、アルバイトを始めました。それでデザインについてもっと知りたくなって職業訓練校とオンラインスクールでWEBデザインを学びました。

ただオンラインスクールは無事に修了したのですが、職業訓練校のスケジュールがカチッと決まった週5日スタイルで、これが自分には合わなくて。途中で辞めちゃったんですよね。つくづく会社勤めのような働き方は自分には無理だとあらためて感じて、それをきっかけに「フリーランスで働こう」と思うようになりました。

Q　たくまさんが転機のために努力したこと、気をつけたことは？

できることはなんでもチャレンジしてきましたね。声をかけてもらえるだけでもありがたいと思って。

正社員を辞めて働き方を模索しているときは受付や試験監督、文字起こしなど、声をかけていただくままに引き受けて働きましたし、フリーランスになってからもライティングを勉強してライターの仕事をしたり、趣味で絵を描いているのを知った友人からの依頼でイラストの仕事をしたりもしました。

Q たくまさんが自分らしく働くための秘訣とは？

最近になってようやく「自分らしい働き方」にたどりついたように感じています。「自分に嘘をつかない」「見栄をはらない」――これが今の私のテーマです。

ライフラインチャートを書いてみて気づいたんですが、自分に嘘をつくと充実度が下がるんですよね。２社目のときは１社目で体調を崩して本当はしばらく働くのを休みたかったんです。

でも、親に心配をかけたくなくて入社してみたら、やっぱりまた体調不良になってしまって……。一般的に考えたらこうだよねと、自分の心の声を聞かずに決めたことはことごとく失敗しています。

私にとっては「自分の欲を知る」というのも自分らしく働くための秘訣です。好きなものや満足できるものを知っていると、仕事も含めて何事も選びやすくなるんですよね。

自分らしく働くための
ヒント 19

自分の「欲」を知ると何事も選びやすくなる

年齢を重ねるにつれて感じるようになったのですが、私は「知識欲」が強いんです。新しいことを学ぶのが好きだし、新しい知識が増える環境だと喜んで動ける。友人の伝手でフリーランス支援の団体と出会って今はそちらでイラストやメルマガ執筆の仕事をしているのですが、仕事を通じてフリーランスに関するさまざま知識にふれることができて楽しいです。

Chapter 2

実例で解説！ 自分らしい働き方の実現プロセス

まとめ

- 学び続ける、学び直す姿勢をもち続けると道は開けていく
- 自分の気持ち、想いに素直に耳を傾ける
- 働き方は柔軟に変えていく、というしなやかな発想が大切
- できることはなんでもチャレンジするという精神で！
- 副業でまずは試してみるという方法もあり
- 人とのご縁は一生モノ。つながりは大事に

Chapter

3

ワークシートで実践！自分らしい才能の見つけ方

才能は誰にでもある！
分析ツールを活かして
自分の才能を見つけよう

「才能」について辞書を引いてみると**「才知と能力。ある個人の一定の素質、または訓練によって得られた能力」**とあります。

「私には才能なんてない」と思われた方、みなさんはクリフトンストレングス®（旧ストレングス・ファインダー）※の名前を聞かれたことはあるでしょうか？

日本では『さあ、才能《じぶん》に目覚めよう』（トム・ラス著／日本経済新聞出版）というタイトルで書籍になっていて、累計130万部ものベストセラーになっているので「読んだことがある」人も多いかもしれません。

これは**アメリカのギャラップ社が開発した、人の「強みの素＝才能」を見つけ出すツールで、WEBサイト上で約1時間で177個の質問に答えていくもの**です。

すると**共感性、公平性、学習欲などの34の才能（資質）のうち、あなたはどの才能が強くて、その才能をどう活かしていったらいいかについてアドバイスが得られます。**有料ではありますが、WEBサイトからどなたでも受講できますし、自分の強み（才能）を知るツールとしては広く知られているものなので、受けたことがない方は一度ぜひ試してみることをおすすめします。

才能や強みはその人が自然に発揮できる能力なので、本人が意識していないケースが多く、結果として「自分には才能がない」「私には強みなんてない」といった自己評価につながってしまいがちです。私も過去にクリフトンストレングスを何度か受けたことがありますが、だいたい「社交性」や「ポジティブ」の資質が上位にきます。でも、私はこのクリフトンストレングスを受けるまでそれらが自分の才能（強み）だという認識がほとんどありませんでした。

※「クリフトンストレングス®」
https://www.gallup.com/cliftonstrengths/ja/253634/%E3%83%9B%E3%83%BC%E3%83%A0.aspx

私は初対面の人との会話に苦労したことがなく、イベントに参加して人と話すのが大好きですが、単に「好き」なだけで「才能」だなんて1ミリも感じたことがありませんでした。「ポジティブ」も、明るく楽しいことが好きで場を盛り上げるのも得意なのですが、むしろ自分では冷静さや分析的な思考に欠けると感じていて短所だと思っていたくらいです。

私たちは**一人ひとり違う才能（強み）をもっているし、才能がない人なんていない。だからこそ、人と人は協力し合ってチームで活動することに意味がある**んだと心から実感できます。

また厚生労働省が運営する「マイジョブ・カード」※では、「自分のやりたいこと」「得意なことや強み」「自分の価値観」を深く理解するための無料の診断ツールが提供されています。

自分らしく働くための
ヒント 20

ツールで客観的に自分の強みを発掘してみよう！

これ以外にも有料・無料のものを含めて自己診断や自己分析のツール（テスト）はさまざまなものがあります。

自分の強みや才能に気づいてそれらが活かせるように行動することが自分らしい働き方の実現につながっていきます。自分ではなかなか自分の強み・才能に気づきにくいところもあるので、客観的な分析ツールもぜひ活用してみましょう。

 ※「マイジョブ・カード」https://www.job-card.mhlw.go.jp/shindan

紙とペンさえあればOK！
手書きのチャートで自分らしさの芽に気づく

自分の強みや価値観に気づくことが自分らしい働き方の実現につながっていきます。客観的ツールを使うほかに、ここでは紙とペンだけで誰でも自分で簡単にできる方法をご紹介します（もちろんパソコンで書き出すのでもOKです！）。

その方法とは**Chapter2で登場している「ライフラインチャート」**という、**横軸に年齢、縦軸にそのときの充実度を入れ、線で表していく自己分析の方法**です。

キャリア系の研修や授業でよく使われるので「やったことがある」人も多いかもしれ

ませんね。

書くタイミングによって得られる気づきが違うこともあるので、一度書いたことがある人も、よければぜひまた書いてみてください。私はこれまで何度も書いたことがありますが、書く時期によって新たな気づきが毎回あります。

P.118に雛形と書き方を紹介していますが、必ずしもこの雛形である必要はなく、コピー用紙やノート、画用紙など線が書ければなんでもかまいません。Chapter2の実例部分で登場してくださったみなさんにも書いてもらっているので、参考にしてみてくださいね。

書き方は本当に簡単です。過去にお伝えして、「書けない」という人は一人もいらっしゃいませんでしたので、どうか安心して取り組んでください。

「ライフラインチャート」の書き方

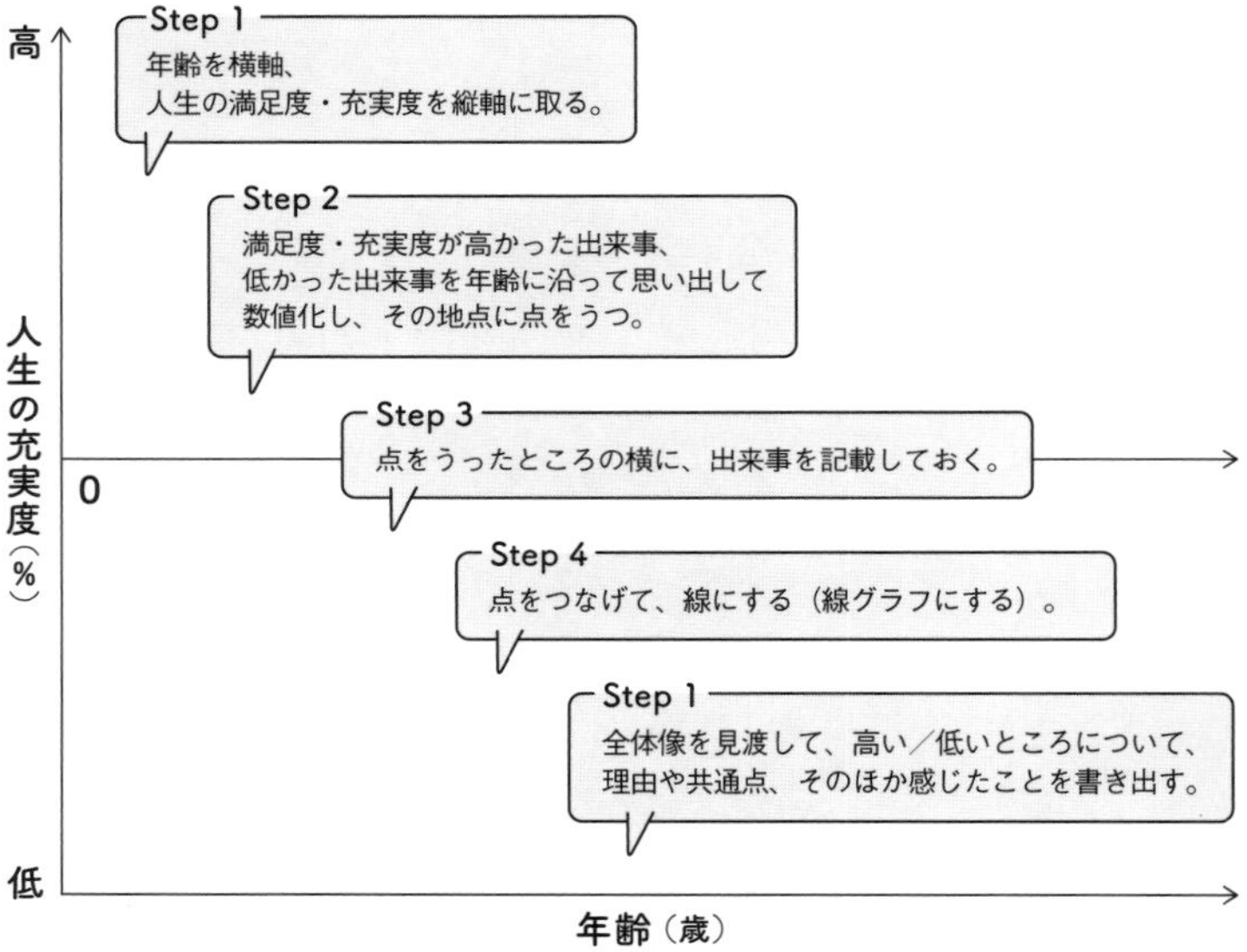
高
低
人生の充実度（%）
0
年齢（歳）
Step 1
年齢を横軸、
人生の満足度・充実度を縦軸に取る。
Step 2
満足度・充実度が高かった出来事、
低かった出来事を年齢に沿って思い出して
数値化し、その地点に点をうつ。
Step 3
点をうったところの横に、出来事を記載しておく。
Step 4
点をつなげて、線にする（線グラフにする）。
Step 1
全体像を見渡して、高い／低いところについて、
理由や共通点、そのほか感じたことを書き出す。

〔注意点〕

- 仕事のことに限らず、「ライフイベント」も入れる。介護や出産、自身や家族の病気なども満足度や充実度に影響しているようであれば書き出す。
- スタート地点は好きなようにし、自分の転機になるような出来事があったところから書き出す。生まれてから今まででも、高校卒業後から今まででもOK。社会人向けの研修では時間制約もあり、社会人から書くことが多いが、ここでは本当に好きな年齢から書く。
- 一方で全体的に時間をかけ過ぎず、思い出したことから書いていくのもポイント。細かく書き過ぎるとキリがなくなり、迷宮入りしてしまうので避ける。現在の年齢にもよるが、だいたい全体を10分～15分程度で書き上げるのが目安に。

「ライフラインチャート」（A4判）
ダウンロードはこちらから
https://kdq.jp/chartP118

書き終わったら以下の質問を考えてみましょう。

〖質問1〗書いてみて気づいた、感じたことがあれば、
いくつでもいいので書きだしてみてください。

〖質問2〗あなたにとって満足度・充実度が上がるときは
どんなときでしょうか？

〖質問3〗あなたにとって満足度・充実度が下がるときは
どんなときでしょうか？

〖質問4〗【1】～【3】をふまえてあなたが「自分らしく働く」ために
必要な条件は何だと思いますか？

私自身が最近作成した
ライフラインチャートはこちら

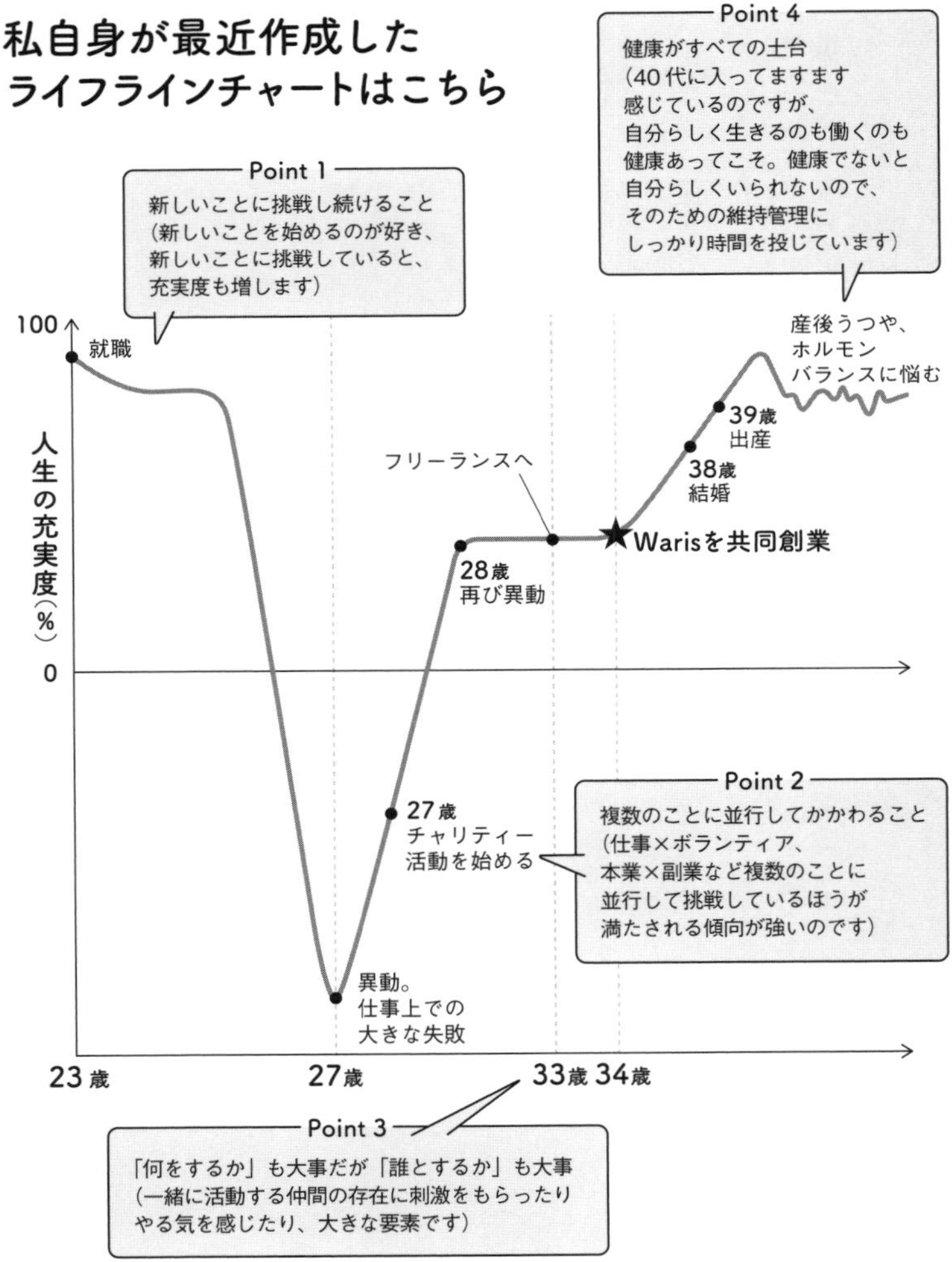
Point 1
新しいことに挑戦し続けること
(新しいことを始めるのが好き、
新しいことに挑戦していると、
充実度も増します)
Point 4
健康がすべての土台
(40代に入ってますます
感じているのですが、
自分らしく生きるのも働くのも
健康あってこそ。健康でないと
自分らしくいられないので、
そのための維持管理に
しっかり時間を投じています)
100
就職
人生の充実度(%)
0
産後うつや、
ホルモン
バランスに悩む
39歳
出産
38歳
結婚
フリーランスへ
Warisを共同創業
28歳
再び異動
27歳
チャリティー
活動を始める
異動。
仕事上での
大きな失敗
Point 2
複数のことに並行してかかわること
(仕事×ボランティア、
本業×副業など複数のことに
並行して挑戦しているほうが
満たされる傾向が強いのです)
23歳
27歳
33歳 34歳
Point 3
「何をするか」も大事だが「誰とするか」も大事
(一緒に活動する仲間の存在に刺激をもらったり
やる気を感じたり、大きな要素です)

私は右ページに書いた4つのポイントが崩れてくると充実度が下がるので、自分らしく働き続けるためにも、この4つが「満たされているかどうか？」を振り返るようにしています。ただ、私も最初からここまで大切なポイントを言葉にできていたわけではなく、ライフラインチャートを何度も書きながら、だんだんと自分の軸が明確になってきました。「自分のやりたいこと」ってなかなかわからないかもしれません。でも、「どんなときに自分が充実感を得られるのか」「どんなときの自分が心地いいのか」を知ることはできますし、そういった状態を実現していくことが自分らしい生き方、働き方につながります。それを知るためにも、ときおり足を止めて今とこれまでの人生を振り返ってみる時間を大切にしてください。

自分らしく働くためのヒント 21

書き出すと必ず見えてくる傾向がある！

職務経歴書作成で自分のスキルと経験を正しく把握しよう!

みなさんは「職務経歴書」をつくったことはありますか? 転職や独立した経験がないと、30代40代でも「つくったことがない」人は珍しくありません。

「職務経歴書」とはこれまでの仕事経験やスキルをまとめた書類のことです。応募先企業に自分の学歴や職歴、資格などの基本的な情報を提供する「履歴書」とは異なり、応募先企業の求人内容に合わせて具体的かつ詳細に仕事を通じて得てきた経験やスキルについて伝えるためにつくります。「つくったことがある」人も、最後に転職したときにつくったきりという人が多いのではないでしょうか?

自分らしく働くための
ヒント 22

職務経歴書は振り返りに効果絶大！

私は**特に転職や独立の予定がなかったとしても「職務経歴書」をつくったり、定期的に書き直したりすることをおすすめ**しています。なぜかというと、「職務経歴書」はとても身近な自分の振り返り手法のひとつだからです。

「自分にはできることがない」「自分に自信がない」と思ってしまうのは、自分がこれまでの時間で手にしてきたことをしっかり振り返れていないだけです。だから、定期的な振り返り習慣をもつことはとても大事だと考えています。基本的な職務経歴書の書き方は次ページでご紹介します。P.35でもお伝えした所得を得るための生産性資産、すなわちこれまでの人生を振り返って獲得してきた仕事に役立つ知識やスキルを中心に記載していきます。

［職務経歴書の基本レイアウト］

①題名・日付・氏名　③職務経歴　⑤自己PR
②職務要約（サマリー）　④取得資格

題名・日付・氏名：
「職務経歴書」と題名を記載後、右上に日付と名前を入れます。

職務要約：これまでの職務経験やスキル、実績などを簡潔にまとめたもの。P.126に書き方の注意点を解説しています。

職務経歴書

①
20××年×月×日現在
氏名　○○○○

②
【職務要約】
約10年間マーケティング業務の経験を積み、消費財の新商品の商品企画から市場調査、販売促進を主に担当してまいりました。近年は、○○商品担当プロジェクトリーダーとして業務を遂行し実績を上げてまいりました。現在はフリーのマーケティングプランナーとしてブランディング、商品企画、プロモーション企画に従事しております。

③
【職務経歴】
2015年1月～現在　フリーランスのマーケティングプランナー

①　●●株式会社[事業内容]アパレル業／●●業務［従業員数］××名、6か月
担当業務：新商品企画、コンセプト設計、予算管理、プロモーション企画、イベント運営
（3か月企画、3か月運用とモニタリング）
＜実績＞
新商品のローンチに当たり、現場のヒアリングによるコンセプト設計に基づき、プロモーション企画を主導。大手百貨店でのイベントを企画・運営を行ったことでメディア露出とブランド認知につなげ、複数店舗での展開を実現。

②　●●株式会社［事業内容]ITサービス／●●業務［従業員数］××名、一年
担当業務：マーケティング戦略立案、プロモーション実務
（3か月設計、6か月運用、3か月モニタリング）
＜実績＞
ブランドコンセプト設計、予算策定、WEB企画、プロモーション企画実行により、広告のみ利用だった状況から、計画的なマーケティングの運用を実現。

2004年4月～2014年10月　株式会社○○○○
［事業内容］●●業務／●●業務［従業員数］××名

2004年4月～2008年3月　マーケティング事業部　マーケティング企画チーム
担当業務：化粧品メーカーの商品企画立案のための市場調査、分析、企画、実施。
＜主な業務内容＞
◆商品企画
・　年間商品戦略の立案・実行
・　市場調査・競合分析、調査会社との交渉
・　外部業者（代理店）との商談
・　ブランド別の予算立案・管理

1

職務経歴：入社した会社名、部署名、役職名、入社年月、退職年月、担当業務を記載します。担当業務は、具体的に記載し、数字やデータで成果を示すようにしましょう。さまざまな書き方がありますが、採用担当からするとこちらの見本のように現在からさかのぼって書いたほうが理解しやすいです。

職務経歴の続き

◆販売促進・プロモーション
- 広告戦略、媒体戦略の企画立案
- 広告代理店との折衝業務
- キャンペーンの企画
- メディアとのリレーション構築
- 販促物の企画・制作
- 予算管理

◆WEB コンテンツ企画
- Web キャンペーン企画
- メールマガジン企画

＜実績＞
・新製品（ブランド名：○○○）の市場シェア獲得、ブランド全体の売上昨対比 180%に貢献。

2008 年 4 月～2014 年 10 月　マーケティング事業部マーケティング調査チーム
担当業務：食品メーカー、日用品メーカー市場調査業務にて調査設計、分析方法等の提案
＜主な業務内容＞
- 調査計画設計（グループインタビュー、覆面調査等）
- 調査会社選定、業務の指示
- 統計データ分析、クライアントへの提案
- プレゼン用資料作成、最終プレゼンテーション

＜実績＞
- チームリーダーとしてメンバー5 名の役割分担、指導を担当しマネジメント力を発揮。
- 日用品メーカー新商品の売り上げシェア 5 位から 3 位に上げることに成功。

④ **【取得資格】**
- TOEIC800 点（2015 年 7 月取得）

取得資格：資格・免許は、取得した資格・免許名、取得年月を記載します。

⑤ **【自己 PR】**
プロジェクトマネジメント力
調査業務ではプロジェクト全体の管理を担当し、きめ細やかなコミュニケーションと的確な業務内容の把握を実施。メンバーの業務量の調整とモチベーション維持により、期日内にすべての結果を出しておりました。

企画・提案力
クライアントのニーズを的確に捉え、競合分析や市場調査の結果による新たなPR手法を提案し、売上増につなげました。化粧品メーカーではブランドイメージの向上に貢献し、前年比 150%の売上に貢献いたしました。

2

自己ＰＲ：あなたの強みや意欲を根拠となるエピソードとともに具体的に伝えるようにしてください。応募先企業の求める経験やスキルに沿って記載すると効果的です。（例／「コミュニケーション力：前職では法人向けの営業担当者として企業の経営者や役員の方々との商談で、相手のニーズを理解し、適切な提案をすることで、年間○件の契約を獲得してきました」）

職務要約はシンプルに！数字を入れ込み具体的なアピールを

棚卸しや振り返りのツールとしてもおすすめの「職務経歴書」ですが、つくるときにいくつか注意ポイントがあるのでお伝えしていきます。

「職務経歴書」は冒頭に「職務要約」といって、これまでの職務の「まとめ」を入れるのが一般的です。ところが、よくあるのがこの「要約」が長くなりがちなこと。

40代50代など年齢を重ねている方、転職経験が多い方だと長くなる傾向がありますす。私が今まで見たなかで、一番長い方だと「要約」だけでA４用紙１ページ以上使っている方がいらっしゃいました……。

これはかなり極端な例ではありますが、それでも10行以上になっているケースはよく見かけます。絶対に何行でなくてはならないというものではありませんが、**「要約」なので簡潔にわかりやすく5～6行程度にまとめることをおすすめ**します。

採用担当者は一日に何人も、あるいは何十人も「職務経歴書」に目を通すので、ぱっと見て「何ができる人なのか」伝えるのが目的ですし、それを見て「この人に会ってみたい」と思ってもらえるかがポイントになります。

特に要約部分の1行目は大切です。自分がどんな人なのか、ひとことで表せるようにしておけるとベストです。「経理職として10年以上の経験があります」「営業およびマーケティング職として約15年の経験があります」など冒頭にまとめて一文で表現しましょう。要約にこれまでの転職履歴について、順を追ってすべて書く必要はなく、これから応募しようとしている企業や職種に合わせて強調したい部分に絞って書くことをおすすめします。

それに続けて、経理職ならば「事業会社の経理担当として月次決算、年次決算、税務申告、資金繰り管理、予算管理、債権管理、債務管理などの業務を担当してきました」などと最近の実績を書き、「直近では経理マネジャーとして経理スタッフ2名のマネジメントにかかわるほか、クラウド会計ソフトの導入と運用にもたずさわりました」など、現在の職務状況にもふれて職務要約を終えるのが定番の書き方です。

もうひとつよくあるのが職務経歴書の表現が「控えめ」すぎることです。職務要約にも「～を学んできた」「～を身につけてきた」「～を心がけた」といった表現を使うケースが多く見られます。

少し意地悪な見方をしてしまうと、「学んできた」だと「学んだことを活かして実績を出すところには到達していないのかな？」といった印象につながりかねません。**しっかり「実績を出した」「貢献をした」と書くようにします。**

その際も**できるだけ定量的に、具体的に実績をアピール**しましょう。「営業担当として毎年対前年比20%の売上増を達成した」「WEBマーケティングの主担当として顧客からの問い合わせを2倍にした」など数値化できるとよいのですが、具体的に出せる数字がなければ、「主担当として管理部門の立ち上げを行った」などと「実現できたこと」をアピールしましょう。

介護や育児などの理由で離職中の方も、離職期間の経験をしっかり職務経歴書でアピールしてくださいね。離職期間に学んだり、資格を取ったり、あるいはPTAやボランティア活動をしたりということはありますよね？ それらの経験のなかから仕事で活かせそうなことをぜひ書いてください。たとえば「PTAで会計担当をしていた」という話も、経理や管理部門のお仕事に応募する際にはプラスになり得ますから！

自分らしく働くための
ヒント 23

具体的な内容を盛り込んでアピール上手になろう

キャリアカウンセラーなどのプロの手を借りて自分の強みの深堀りを

自分の強みや才能、過去の棚卸し、そして未来へ向けてやりたいことを整理するときに、自分ではうまくできない、客観的に見てほしいという場合は、**キャリアカウンセラーやキャリアコンサルタントなどの「プロの手」を借りるのもおすすめ**です。

すでに転職や独立、副業としての仕事獲得など方向性が決まっている人は、仕事紹介のサービスも利用しつつ、担当カウンセラーにぜひ具体的な相談をしてみてください。社員としての転職サービスはもちろん、最近ではフリーランスとして独立したい人、副業をしたい人へ向けた仕事紹介サービスも増えています。このあたりのサービス活用についてはChapter5であらためてご紹介しますね。

ただ、今あなたが必要としているのが仕事探しのもっと手前の段階で、

「私はこれから何をしていきたいのだろう？」
「自分の強みって何だろう？」

こんな漠然とした悩みを抱えている状態でしたら、ちょっとお待ちください！ 各種の仕事紹介サービスや転職サービスの無料のキャリアカウンセリングは、当然のことながら「仕事紹介」や「転職支援」を前提にしたものなので、サービス登録後に希望しても全員がキャリアカウンセリングを受けられるとは限りません。サービス提供者としてもサービスに登録したすべての人に対して無料でキャリアカウンセリングすることは難しく、すぐの仕事紹介や転職につながりそうな人に対して優先的にキャリアカウンセリングを行うのが実情です。

また人材サービス企業の無料キャリアカウンセリングは仕事紹介にあたって適切な情報を収集するために実施するので、相談者さんに寄り添ってイチから現在までの仕事や人生の棚卸しをし「今後どうしたらいいんだろう？」という漠然とした悩みを相談する場にはなりづらいのです。

今はコロナ禍の影響を経て、オンラインカウンセリングのサービスが普及してきているので、こちらを活用するといいでしょう。

オンラインであれば場所を問わずに相談ができますし、なかにはテキストメッセージで相談ができるものもあるので、そうなると時間も気にする必要がありません。

たとえば、日本最大級のオンラインカウンセリングのプラットフォーム「cotree（コトリー）」では「やりたいことが何かわからない」「どんな仕事が合っているかわからない」といった悩みに対して24時間いつでもどこからでも、オンライン会議、電話、テキストメッセージから自分に合った方法で相談ができるようになっています。

ほかに「meetcareer（ミートキャリア）」というオンラインサービスもあって、こちらでは自分の強みを明らかにして、自信をもって次の働き方を選べるような支援が行われています。具体的にはプロが第三者視点で「あなたの強み」を深掘りし、業界や役割など「強みが活きる環境」を特定したうえで、一人ひとりに合った目標設定と行動計画をつくることに伴走してくれます。

ほかにもオンラインの相談サービスはありますし、最近ではＳＮＳやｎｏｔｅ（ブログ）などで発信やカウンセリングの受付をしているフリーランスのキャリアコンサルタントが増えています。気になるキャリアコンサルタントの人をフォローし、発信内容を読んで自身の価値観に合う人に相談の申し込みをしてもいいと思います。

自分らしく働くための
ヒント 24

自分だけで行き詰まったらプロの手を借りてみる

家族とも自分の仕事観・人生観を共有しておこう

みなさんは「夫ブロック」「嫁ブロック」という言葉を聞いたことはありますか？これは転職や独立、再就職などを希望するときに配偶者（家族）の反対によってそれが止められることを指します。「夫ブロック」とは夫が妻の意思決定に反対すること、「嫁ブロック」はその逆です。

実際、私が共同経営する会社でも過去にフリーランスになろうとしていた人が家族の反対にあって独立を思いとどまったり、再就職が決まりかけていた人が家族の反対で内定辞退することになったりしたケースがありました。

夫や妻がお互いの「働き方」に関する意思決定に反対する理由は大きく3つほど考えられます。

① 収入減少への不安

② 生活環境の変化への不安

③ 家族の負担の増加への不安

「転職しようと思う」「再就職したい」――こうした配偶者からの話を聞いたときに右記のような不安がよぎって反対するわけですね。

もしくは、新たな働き方に挑戦することで相手である夫（妻）自身が直面するであろう精神的・肉体的負荷が心配、といったケースもあることでしょう。「そんな決断をして大丈夫なの？」と。

最終的に働き方を決めるのは個人の意思ですし、家族も不安や心配から意見されているので、それ自体について私たち人材サービス側の人間がどうこう言うことはないのですが、確かなのは**自分らしい働き方の実現にあたって家族の理解や支援はあったほうがよいということ**です。

自分は「こうしたい」と思っていても、家族の理解が得られないと一歩を踏み出すのが難しいですし、協力してもらえないと現実問題として日々の生活と仕事をバランスよく両立させていくのは厳しくなってしまいます。

私たちの会社は、介護や育児で離職した人の再就職支援の事業も行っていますが、再就職にあたって家族の理解を得るための伝え方のコツなども、担当カウンセラーからアドバイスすることがあります。それくらい重要なことなのです。

ですから、ここまでお伝えしたさまざまなツールや方法で見えてきたご自身の価値観や理想の働き方、将来やってみたいことについて、ぜひ家族のみなさんと共有していただきたいのです。普段まったくそんな話をしていなかったのに、突然「転職したい」「もう一度働きたい」といった話が出てくると、ご家族としても驚いてしまって「やめておけば?」と「ブロック」につながりやすくなってしまいます。

小さいお子さんがいると、夫婦でなかなか仕事や働き方についてゆっくり話す時間がとりづらい場合もありますよね。

5歳児がいるわが家の場合は、子どもが寝た後の時間や、週末にスーパーや公園に車でドライブに行くときなどに話すようにしています。車に乗ると、わが子はすぐに寝てしまうからなのですが（笑）。聞いてほしい話があるときは、特にどこへ行くということもなく、なんとなく片道1時間くらいのところを話しながらドライブして帰ってくることもあります。

それぞれの家庭にしっくりくる「共有時間」をぜひとってみてください。

自分らしく働くためのヒント25

家族との共有は「やりたいこと」の実現に不可欠

Chapter 3

ワークシートで実践！ 自分らしい才能の見つけ方

まとめ

- ☑ 分析ツールを使うと自分の強みを発見しやすくなる
- ☑ どうしても自分の強みを見つけられない人はプロに頼るのも手
- ☑ 「職務経歴書」は定期的に書いて振り返りの習慣を
- ☑ 自分の経歴のアピール上手になる
- ☑ 自分の仕事観・人生観は家族と共有しておくことが大切

Chapter

4

これからの時代に求められる人材とは？

終身雇用の終わりと進む長寿化で働き方は多様化する

2012年に大ベストセラーとなった『ワーク・シフト』（プレジデント社）という本の中で、著者のリンダ・グラットンさんが「過去20年間の働き方や生き方の常識が多くの面で崩れようとしている」と書かれています。その内容のように、直近の10年を振り返ると、私たちは大きな変化に直面してきました。

大きな変化のひとつに、日本型の雇用システムとして長らく機能してきた「終身雇用」が機能しなくなってきたことが挙げられます。

２０１９年には当時の経団連の会長が「終身雇用を前提にすることが限界になっている」と述べていますし、同じ年に当時のトヨタの社長が「終身雇用を守っていくというのは難しい局面に入ってきた」とも発言しています。

終身雇用とは、企業が正社員の雇用を定年まで維持することで、１９５０年代に始まった高度経済成長期に、多くの日本企業で採用された雇用慣行です。

この制度では、企業は新入社員を採用して定年まで雇用を維持する代わりに、社員は企業に忠誠を尽くして、企業の利益のために働くことが期待されていました。

しかし、ここへ来て終身雇用を維持することが難しくなってきたわけですね。その背景はいくつか考えられます。

大きくは、経済のグローバル化により日本企業は激しい国際競争にさらされ、市場のなかで勝ち残っていくために厳しいコスト削減や生産性向上が求められていること。

また、新たな技術がどんどん出てくることによって、これまでの事業内容や事業構造を見直す必要性に迫られ、事業の内容や構造が変化することによって、必要とされる人材も変わってきていること。

加えて、少子高齢化の問題もあります。労働人口が急速に減っていくので、限られた人材をめぐって中途採用や副業・兼業人材の登用が珍しくなくなってきました。

一方で私たちの寿命は延びています。厚生労働省の資料によれば、日本人の平均寿命は女性が87・09年、男性が81・05年です（いずれも2023年発表資料より）。「人生100年時代」は「誰にでも起こり得ること」となってきています。

こうした長寿時代に、少しでも長く働き続けることは非常に重要です。働き続けることで収入を得ることができますし、仕事を通じて社会に貢献し、人と交流することで精神的にも満たされていくからです。

政府の方針も変化してきています。2021年4月から改正された高年齢者雇用安定法が施行されて、企業側には70歳までの就業機会の確保が努力義務として課されるようになったのはご存じですか？　労働者側が希望すれば、企業は70歳まで働けるように努力してくださいね、ということです。

この「就業機会の確保」の方法のなかには、定年延長、定年廃止、再雇用などの選択肢と並んで「業務委託（フリーランス）」も挙げられています。つまり、誰もが今後フリーランスとして働く可能性が出てきているのです。

終身雇用制度が崩れつつあるなか、長期間働き続けるために多様な働き方の選択肢を知り、自分らしい働き方を自分でつくる自律性が今、求められています。

自分らしく働くための
ヒント 26

人生100年時代を見すえて自分らしい形で働き続ける！

コロナ禍による働き方の変化を知ろう テレワークと「自律型人材」

直近の働き方の変化を語るうえで、コロナ禍の影響を無視することはできません。コロナ禍による大きな働き方の変化は、なんといってもテレワークの浸透ではないでしょうか。

みなさんの会社でもコロナ禍をきっかけにテレワークの導入が進んだところは多いのではないでしょうか？

実際、国土交通省の資料によれば2019年では、自営業などを除く会社員がテレ

雇用型就業者のテレワーク実施率（業種別）の推移

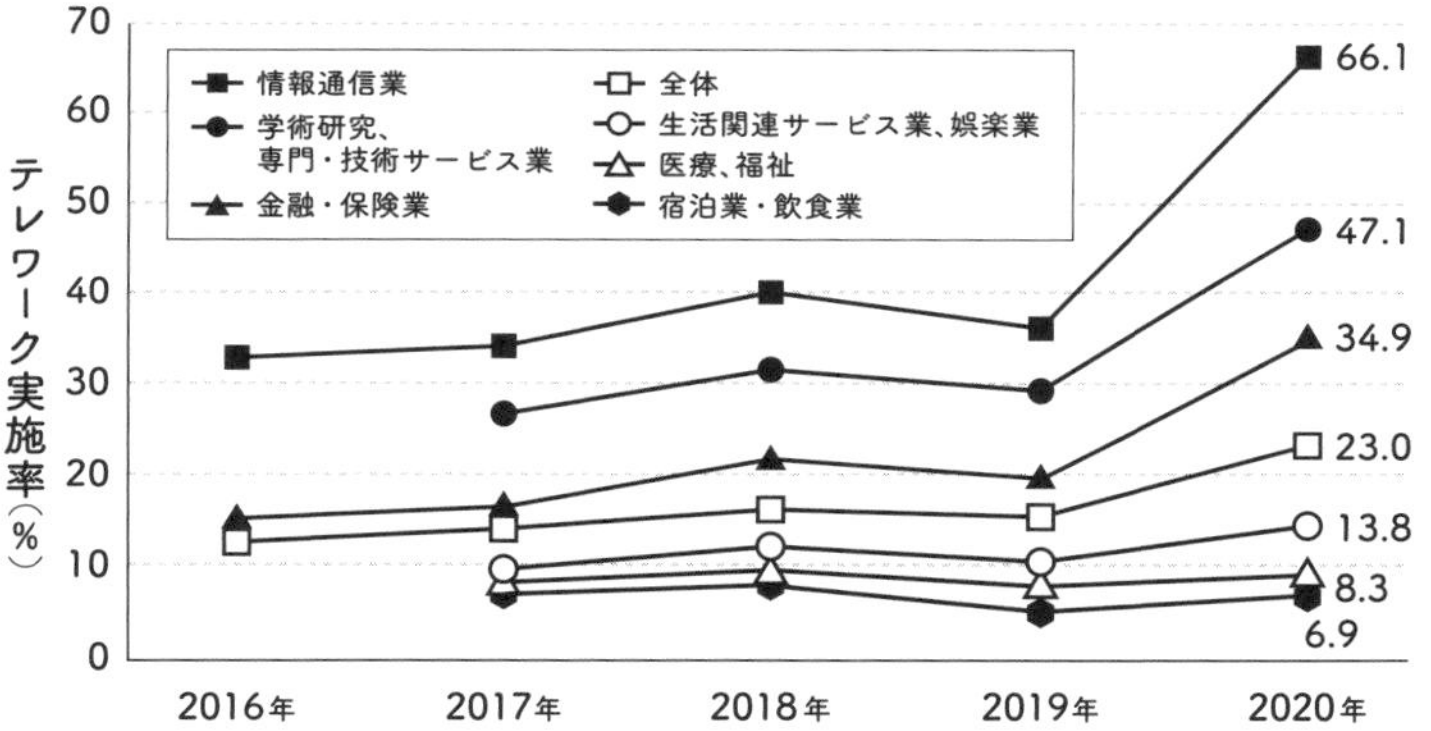

※ 経済産業省ホームページ（資料：テレワーク人口実態調査〈国土交通省〉）より。

ワークを実施する割合は14・8％でした。しかし、2020年に新型コロナウイルス感染症が拡大するとテレワークの実施割合は23％にまで増加しました（上図）。

テレワークの実施率は業種や地域による差がありますが、テレワークとの親和性が高い情報通信業ではコロナ禍に7割近い人がテレワークで働きました。

コロナ禍が終わって、オフィス回帰を進める企業もありますが、東京都によれば2023年6月の都内企業のテレワーク実施率は44％で、テレワークの実施回数は週3

コロナ禍で起きた働き方の変化

これまで		これから
ヒエラルキー型	**組織構造**	フラット型
オフィス前提	**働く場所**	テレワークも視野に
プロセス重視	**評価の仕方**	成果重視
メンバーシップ型（正社員中心）	**雇用形態**	ジョブ型（多様な契約形態）
ポテンシャルが高く制約の少ない人材	**求められる人材**	自律性の高いプロ人材

日以上の実施が45・2%という調査結果もあり、業種や地域による差はあるものの、テレワークは働き方のひとつの選択肢として定着してきました。

実際、私が共同経営している人材サービス会社でも、コロナ禍をきっかけに「テレワークができる環境かどうか」を軸に仕事選びを考える人がより増えてきました。

テレワークが一般的になると、企業が採用時に求める人材像も変化してきます。

テレワークの環境下では、上司や先輩が物理的にそばにいるわけではありませんから、自律性が求められます。「自分で考えて、自律的に仕事を進める力」ですね。

仕事の評価についても同様に目視で仕事ぶりを確認する機会も限られますので、これまで以上にプロセスだけではなく、成果を確実に発揮できるかどうかが重要になってきます。

もちろん自律的に仕事を進めるうえでは周囲との連携も無視できないポイントです。わからないことやトラブルが起きたときも、周囲とテレワークの環境のもとで協力しながら自律的に課題解決までもっていく力、コミュニケーションスキルがより求められるようになっていきます。

自分らしく働くためのヒント27

今後の働き方に「自律的に仕事を進める力」は必須

新たなスキルを学び続けることで「求められる人材」へ

当たり前のように存在していた終身雇用制度の変化やコロナ禍によるテレワークの一般化などにより、個人としてのスキル・経験の深め方も変わってきます。

本書でもたびたび登場している「リスキリング」ですが、リスキリングとは**「新しい職業に就くために、あるいは、今の職業で必要とされるスキルの大幅な変化に適応するために、必要なスキルを獲得する／させること」**を意味しています。

2022年に岸田首相が**「(個人の)リスキリングに5年で1兆円を投資する」**と国会で演説して話題になり、メディアでもよく目にするようになりました。

企業からするとグローバル化にともなって激しい競争に打ち勝ち、企業としての競争力を高めるために社員のスキルを向上させる必要がありますし、テクノロジーの進化で仕事の質や内容が変化し、新しい技術を社員に学んでもらう必要が増しています。

個人からしても、これまでは終身雇用を前提としたうえで、会社が個人を時間とお金をかけて教育・育成してきましたが、その前提自体が崩れつつあるのですから、自分自身のありたい姿を考えたときに必要なスキルと経験をどう培っていくか、自分で自律的に設計していくことが求められます。

70歳くらいまで働き続けることを想定すると、当然のことながらもっているスキルが時代に合わなくなってくる場合もあることでしょう。時代の流れに合って、かつ自分らしく働けるような状態を実現できるスキルを、一生涯を通じて新たに学び続ける必要が出てきているのです。

ところが、日本人は世界的に見て、大人になると圧倒的に学ばなくなることで知られています。

世界最大級のオンライン学習プラットフォーム「Udemy（ユーデミー）」の国内事業展開を担うベネッセコーポレーションが7月に発表した「社会人の学びに関する意識調査２０２３」によれば、日本の社会人の約40％が学習経験も今後の学習意欲もない『学習意欲なし層（左図の「なんで学ぶの」層）』だといいます。

一方で、学習経験も今後の学習意欲もある『学習し続けている層（左図の「学んでいます」層）』は約35％で、２０２２年と比較すると、『学習し続けている層』がわずかに増加しているといいます。

実は「新しい知識やスキルを学ぶこと」と「自分らしい生き方・働き方を実現すること」には強い関連性があります。

私が共同代表を務める会社で提供するリスキリングプログラムでは、新しいテクノロジーや知識を学んで就業に結びつけることを支援していますが、育児や介護で離職中の人や、非正規で働いている人、非ＩＴ系で働いている人が学びを通じて、より自分らしさを発揮できる仕事へとたどりつくという事例が複数見られます。

自分らしく働くためのヒント 28

生涯学び続け、アップデートすることが必要

社会人の学びに関する意識調査

		学習意欲 あり	学習意欲 なし
学習経験	あり	「学んでいます層」 34.5%（+0.9%） 約 2,300 万人	「学ぶの疲れた層」 12.1%（+0.6%） 約 800 万人
学習経験	なし	「学ぶつもり層」 13.5%（±0%） 約 900 万人	「なんで学ぶの層」 39.9%（-1.4%） 約 2,700 万人

※ ベネッセコーポレーション
「社会人の学びに関する意識調査 2023」より。

学ばない人がまだまだ多いからこそ、そのなかで新たなスキルを学ぶこと、学び続けることが仕事獲得につながりやすくなりますし、人生のさまざまな段階で「働き方を変えたい」と思ったときに、それを実現するきっかけになっていくのです。

仕事を効率化する?!
理想の生活から逆算?!
自分に合う学びを見つける

働く期間が長期化し、テクノロジーが目まぐるしく進化するなか、「**求められる人材**」**であるために、新たなスキルを学ぶこと**（**＝リスキリング**）**の重要性**についてお伝えしました。

「それで私は何を学ぶべきでしょうか?」

こういう問いが頭に浮かんだ人もいることでしょう。

リスキリングにおいて「何を学ぶか」はとても大切な点です。リスキリングは単なる「学び直し」とは違います。**学んだことを「新しい仕事に活かす」**のがポイントなのです。その観点から仕事に活きる学びの選び方を4点お伝えしていきます。

① 効率的・効果的な仕事のためにスキルを学ぶ

「身近な業務のなかに**『やりたいけど、スキルがないから実現できないこと』**を見つけましょう。**そこから逆算して、必要なスキルを身につけるのがおすすめです**」と教えてくれたのは、ノンプログラマーのためのスキルアップ研究会（通称ノンプロ研）を主宰するタカハシノリアキさんです。

「たとえば今の仕事に関して『長時間労働』『単純な反復作業』などの課題があれば、プログラミングを学ぶのがいいのではないでしょうか。それまで2日かかっていた作業が、10分で終わるなんてこともありますよ」（タカハシさん）

業務効率化に加えて、内容や質の面で「より効果的な仕事をするために新たなスキルを学ぶ」という観点もあります。たとえば仕事でもっとITを活用していくために

ＩＴに関する基礎的な知識を学ぶ、ＩＴパスポート試験に挑戦することもあるでしょうし、新規事業開発の仕事をしている人がインターネットを活用した事業の収益化のコツを学んで事業開発に新たに活かしていくといったこともあるでしょう。

② 就きたい仕事に必要なスキルを学ぶ

「デジタルマーケティングの仕事をしたいからインターネット広告の制作や運用を学ぶ」「データサイエンティストになりたいからデータ分析について学ぶ」——自分が今後就きたい仕事、やってみたい仕事を考えて、それを実現するのに必要なスキルを学ぶという考え方もあります。

「自分が就きたい仕事で求められるスキルがわからない」のであれば、具体的なロールモデルを参考にしてみましょう。社内外ですでにその仕事をやっている人を頭に思い描いてください。その人はこれまでどんな経験を積んできたのでしょうか？ 身近な人であれば個人的に時間をもらって質問してもいいでしょうし、直接の知り合いでなければ、その人が発信しているもの（たとえば公式サイトやＳＮＳ、著書など）を見ることで、その職業に就くのに必要とされるスキルや経験を見出して、どうやったらそれを自分が学ぶことができるかを考えてみるといいですね。

教えたい人と学びたい人をつなぐオンラインサービスが増えていますが、講師を務める人たちはまさにロールモデルですから、その人たちがもっているスキルを自分も真似て学んでみるのがおすすめです。

③ 理想のライフスタイルをかなえるために学ぶ

「みなさんはどんなライフスタイルを送りたいですか？　理想のライフスタイルを実現できるように学ぶのもひとつの方法です」と教えてくれたのは社会人の学びに詳しいベネッセコーポレーション社会人教育事業本部の飯田智紀さんです。

「たとえば、『地方に暮らしながらテレワークで働きたい』『子育てをしながら在宅で仕事をしたい』といった理想のライフスタイルがありますよね。自分がかなえたい暮らしを言語化したうえで、それが実現できる仕事を考え、必要なスキルを学ぶのです」

リモートワークが可能な仕事だと最近はデジタルマーケティングやデータサイエン

Udemy Business 23年度第1四半期（4月〜6月）
受講 Topics Top10

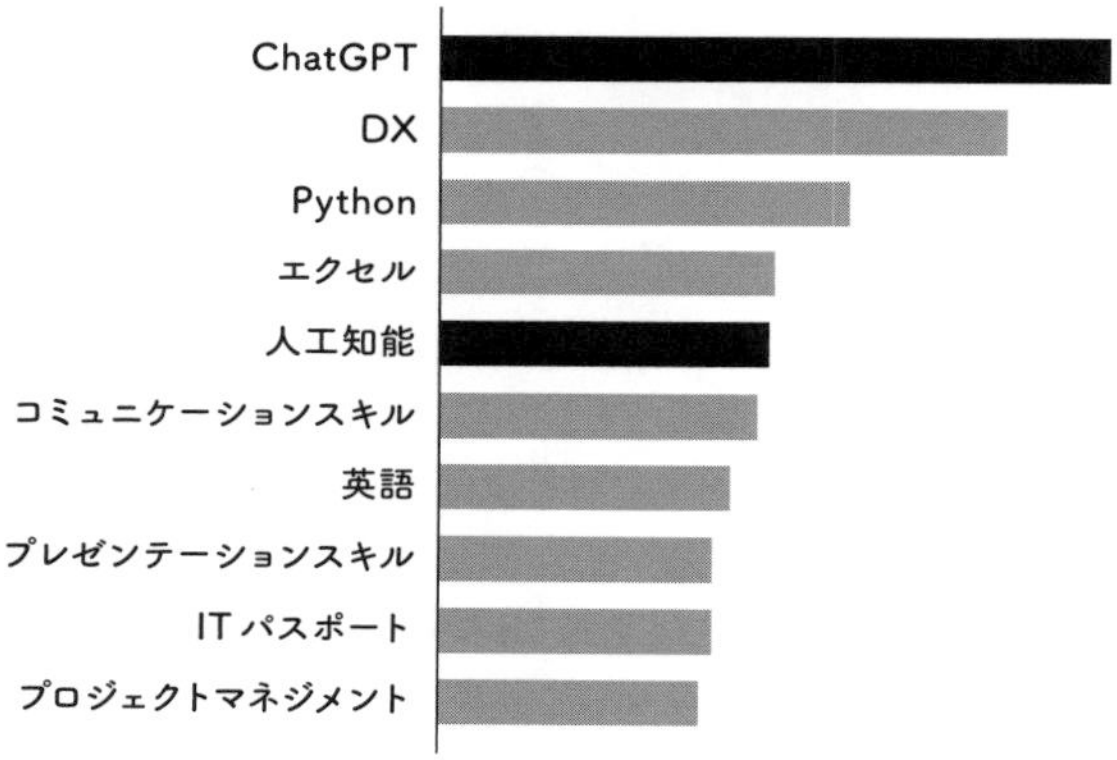

ティスト、インサイドセールス、カスタマーサクセスなどが企業側からの引き合いが強い職種です。

DX（デジタルトランスフォーメーション）人材という言葉もありますが、デジタル領域の知見やスキルを活かして事業変革・事業推進ができる人材に対する企業側のニーズは非常に強くあります。デジタル領域は圧倒的に市場に人が足りていないので、未経験からでも新たにスキルを学んで仕事獲得につなげやすいのです。

④「みんなの学び」を参考に学ぶ

「よく学ばれているもの」はそれだけ社会

的に必要とされている学びということ。このため、「みんなが学んでいるもの」を参考に学んでもいいですね。

たとえばオンラインの学習サービスである「Udemy Business（ユーデミービジネス）」の最新の人気の受講内容が右図です。特に対話型のＡＩ（人工知能）であるＣｈａｔＧＰＴに関する講座が会社の規模や業種を問わず人気急上昇しているといいます。

自分らしく働くためのヒント 29

仕事に活かす観点で「学び」を選ぶ！

手放す力、仲間、実務経験、「学びを活かせる人」の特徴を知る

新しいスキルを学んでも仕事に活かせる人と活かせない人がいます。せっかく仕事に活かす目的でお金や時間を投じて学ぶなら、具体的な成果につなげていきたいですよね。ここではそのためのポイントをお伝えします。

大前提として**「学ぶ目的がはっきりしていること」は非常に重要です。**「働き方を変えたい」「収入を上げたい」「今の仕事をもっと効率化したい」など、学び始める目的は人それぞれですが、自分なりの目的を明確にしておきましょう。

大人が新しいスキルを学ぶときに直面するのが、仕事や育児などとの両立の難し

さ。目的のある人とない人とで学びの継続に差が出てくるので、学ぶことでどうなりたいのか、何を実現したいのか、言語化しておくことをおすすめします。

①「手放す」を意識する

みなさんは「アンラーニング」という言葉を聞いたことはありますか？ これは「学習棄却」とも呼ばれ、これまで自分が獲得してきた知識やスキルの一部を意識的に手放し、新たに学び直すことを指します。新たなスキルを学ぶうえではこのアンラーニングがとても重要になります。年齢を重ねるにつれて「自分の経験ではこう思う」「一般的にはこうだろう」といったこれまでの経験に基づくやり方・考え方が大きくなっていくものです。

しかし、新しい知識を身につけるためには「素直さ」がカギになります。たとえばP.54で紹介している越境体験とアンラーニングは密接に関連しています。未知の環境に身を置くことで、なかば強制的にこれまで自分がもっていた常識や価値観を手放すきっかけにもなっていきます。

② 積極的に仲間と学ぶ

Chapter2に登場した、学びを起点に「自分がやりたい仕事」を手に入れた西山さんは、仲間とともに学び、ときに仲間に教えることで自身のスキルを磨けたとお話しされていました。私が経営する会社で提供しているリスキリングプログラムでも、学びをモノにする人は講師に積極的に質問したり、他の受講生にわからないところを教えてあげたり、積極的に周囲を巻き込みながら学んでいるのが特徴的です。

③ 実務で学びを深める

「学びを仕事に活かす」という意味では、学んだことをすぐに生活や日々の仕事で実践することを意識しましょう。資格も「取って終わり」ではなく、「取った後」が重要です。資格の種類にもよりますが、もっていると転職や就職が有利になる場合はあります。最近ではIT系の資格が人気で、たとえば私たちの会社がかかわっているリスキリングプログラムではセールスフォース（クラウドの顧客管理システム）の認定資格を取ることでＩＴ未経験の人がＩＴ業界へ転職しています。また、グーグル広告やグーグルアナリティクスの認定資格も人気ですね。

一方で、実際の転職や就職においては資格以上に学んだことを実務に役立てた「実務経験」が重視される場合が多いのも事実です。根強い人気がある簿記２級以上や社会保険労務士などの資格が評価されるのも実務経験があってこそ。今の仕事で学んだことを活かせる実務経験が積めるのであれば理想的ですし、活かせないのであれば、異動や兼務などで実務に活かせないか上司や周囲に相談してみましょう。今の会社では活かせない場合は、転職も視野に入れ、仕事獲得までをサポートしてくれるような就労支援付きのプログラムや実務経験が積めるような学びの場を選びたいですね。

自分らしく働くためのヒント30

新しいスキルを学ぶ際は「目的」を言語化しておこう

Chapter 4

これからの時代に求められる人材とは？

まとめ

- ☑ 働き方は柔軟に変化させる時代へ
- ☑ 次世代の働き方には「自律的に仕事を進める力」が求められる
- ☑ 学んで活かすことが自分らしい働き方への近道
- ☑ 今後おすすめの資格はIT系
- ☑ 資格取得だけでは不十分、実務経験が必須！

Chapter

5

自分らしくあるために働き方を選択する時代に

アンケートで判明！働き方の主導権を自分でもつ人は働きやすさを実感

この10年でみなさんの働き方は良くなったと思いますか？

私が共同代表を務める株式会社Waris《ワリス》では、この春に働き方の10年を振り返る調査を企画・実施しました。

その結果、過去10年を振り返って「働きやすくなった」と感じる人が、実に72・4％と過半数を超えました。

「リモート勤務が増え、どこにいても働けるようになり、家族の転勤の影響を受けず

働きやすくなったと感じる要因

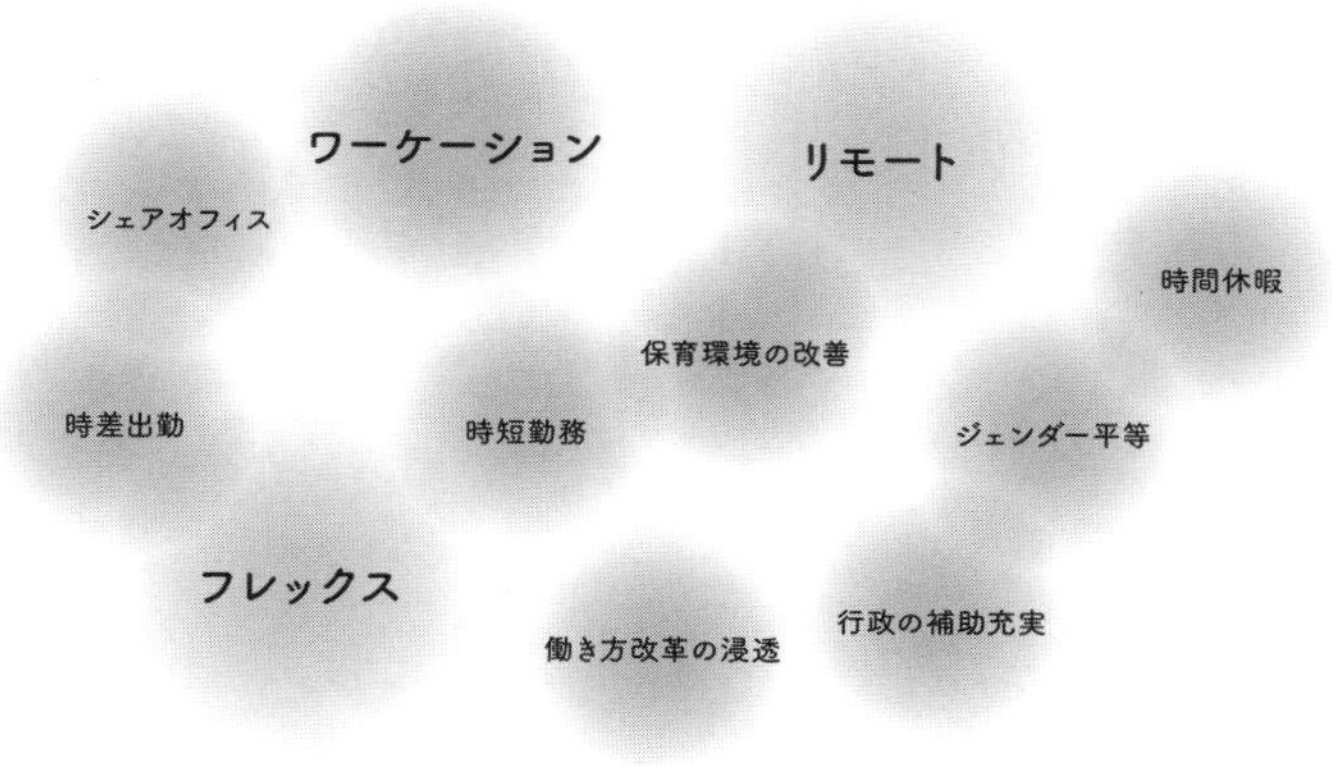

に働き続けることができるようになった」（40代／正社員）

「場所や時間に縛られない働き方が、社会的に受け入れられやすくなってきた」（40代／フリーランス）

「人事制度の柔軟性が高まった。女性でも結婚・子育てと両立し、正社員として働き続けられる人が増え、ダイバーシティが高まった」（50代／会社役員）

回答者からは右のような声が寄せられました。

「働きやすくなった」と感じる要因についてコメントを分析して、印象的だったキーワードを並べたものが上図です。

この背景には、この10年で「働き方改革」に対する意識が高まり関連法（＝働き方改革関連法）が施行されたり、コロナ禍でリモートワークを取り入れる企業が増えたりしたことなどがあると推測されます。社会の環境の変化が「働きやすさ」の実感に大きく影響を及ぼしているんですね。

この10年で女性活躍推進法が施行されたり、社会全体でＤＥ＆Ｉ（ダイバーシティ・エクイティ＆インクルージョン。多様性・公平性・包摂性のこと）を推進する機運が高まったりしたことも大きな要因でしょう。

私たちの会社では、「転職・独立・離職からの再就職・新たな職域への挑戦・リスキリング(学び直し)など、自分の意思で主体的にキャリアをつくっていくこと」を「キャリアシフト」と定義し、同じ調査でキャリアシフトと働き方の満足度との関係性も探ってみました。その結果、「キャリアシフトしている人」ほど、過去10年を振り返って「働きやすくなった」と感じる傾向にあることがわかりました（左図）。

自分らしく働くためのヒント 31

自分で主導権をもち続けられると働きやすさがかなう

キャリアシフト回数別 過去10年で、
女性が働きやすくなったと感じるか？

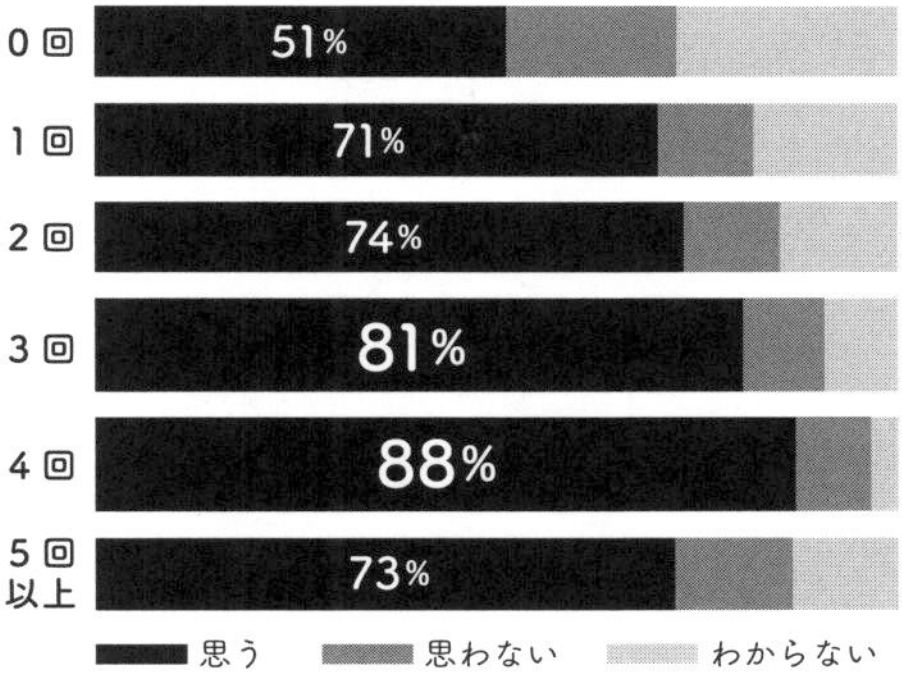

※ Waris創業10周年記念「女性×はたらく」の10年を振り返るアンケートより作成。

私たちが生き生きと働き続けるうえでは、自分の働き方の主導権を自分がもち、時代の変化や自分自身の人生の変化に応じてときに形を変えながら柔軟に働き続けることが必要です。さまざまな働き方ができるようになってきているからこそ、働きやすさを手に入れるためにも、自分で主導権をもち続けられると働きやすさがかなえやすいといえるでしょう。

正社員、フリーランス、派遣、働き方の良し悪しを知って自分にぴったりの道を選ぶ

「今の働き方のメリット・デメリットについて考えたことはありますか？」

社会人向けの講演でこうした問いかけをすると、「これまで考えたこともなかった」といった反応をいただくことが多々あります。みなさんはいかがでしょうか？

ご自身の働き方のメリット・デメリットを考えたことはありますか？

正社員、契約社員、派遣社員、パート・アルバイト、フリーランス、みなさんがこ

れまでに経験してきた働き方の種類はこれくらいでしょうか？

それぞれの働き方には必ずメリットとデメリットがあります。どの働き方も、残念ながらいいことずくめ、というわけにはいかないものなんですね。

それぞれの働き方ごとのメリット・デメリットを、私なりにまとめたものがP.170の表です。わかりやすくするために、メリット・デメリットそれぞれ2つずつ出してみました。

たとえば、正社員の働き方は全体的に報酬や待遇が安定的です。解雇や報酬減額などの不利な変更は起きづらいですし、企業は正社員に中心的な役割や仕事をまかせるのでやりがいも感じやすいことでしょう。一方で責任のある仕事をまかされるほど、長時間労働になりがちという問題があります。

派遣社員の働き方は、正社員の仕事に比べると仕事は見つけやすいですし、派遣会社が仕事を紹介してくれたりスキルアップにつながる研修を提供してくれたり、さまざまなサポートをしてくれますが、まかされる業務が限定的で派遣先の都合で契約打

広がる多様な働き方

働き方	メリット	デメリット
正社員	・安定した処遇と給与 ・やりがい	・重い責任 ・長時間労働
契約社員	・定期的な収入 ・正社員登用の可能性	・雇用が不安定 ・業務が限定的
派遣社員	・仕事の見つけやすさ ・派遣会社のサポート	・雇用が不安定 ・業務が限定的
パート・アルバイト	・仕事の見つけやすさ ・働き方の融通がきく	・雇用が不安定 ・低賃金
業務委託・フリーランス・起業	・時間や場所にとらわれにくい ・専門性を磨きやすい	・収入が不安定 ・手薄な社会保障

ち切りもありえます。

最近では、労働力不足の解消やイノベーション創出などを目的に、政府が副業・兼業を推進していることもあり、フリーランスにも注目が集まっています。

このように多様な働き方の選択肢があること、そしてそれぞれの働き方にはメリット・デメリットがあることを、まずは知っていただきたいのです。Chapter2でご紹介した自分らしい働き方を実現してきた方々も、こうしたさまざまな形を行ったり来たりしながら、自分らしい働き方をつくってきていました。

自分にしっくりくる形は環境や人生の段階によって違いますし、変化するのは自然なことです。最近では、会社員をしながら副業でフリーランスとしても働いたり、派遣社員をしながらフリーランスでも働いたりと、これらを組み合わせる人たちも出てきました。試しながら自分に合う形を見つけられるのが一番ですよね。

自分らしく働くための
ヒント 32

多様な働き方から自分らしく働けるものを選ぶ

全国に462万人！増えるフリーランス 副業という選択肢もある

働き方が多様化するなかで、最近の副業・兼業ブームもあって注目を集めているのが「フリーランス」です。「フリーランス」と聞いて、みなさんはどんなイメージがありますか？

「フリーランス」とは、**「特定の企業や団体、組織に専従しない独立した形態で、自身の専門知識やスキルを提供して対価を得る人のこと」**を指します。「(会社の看板ではなく)**自分の名前で**」「(雇用ではなく)**業務委託・自営で**」働く人々と言ってもいいかもしれません。

内閣官房の調査によれば、フリーランスは日本国内に462万人いるとされ、これは日本の労働力人口の6・7%を占めます。コロナ禍による価値観や働き方の変化などの影響で、この数はさらに増加していると考えられます。

ちなみに、フリーランスには大きく「独立系フリーランス」と「副業系フリーランス」の2種類があり（P.174図）、前述の462万人はこの両方を含む数字です。たとえば特定の企業と雇用関係がある正社員でも、就業時間外に業務委託契約で副業をしている人は副業系フリーランスになります。

フリーランスが増えている背景には、少子高齢化で労働人口が急速に減少するなか、日本政府が個人のスキルや能力を最大限に活かし、効率的に働く手法として副業・兼業を推進してきたこと、生き方に関する価値観が多様化するなかで、フリーランスのような柔軟な働き方を求める個人が増えてきたことなどが挙げられます。

企業にとっては、副業・兼業を推進することによるメリットがあります。従業員の

フリーランスの種類と特徴

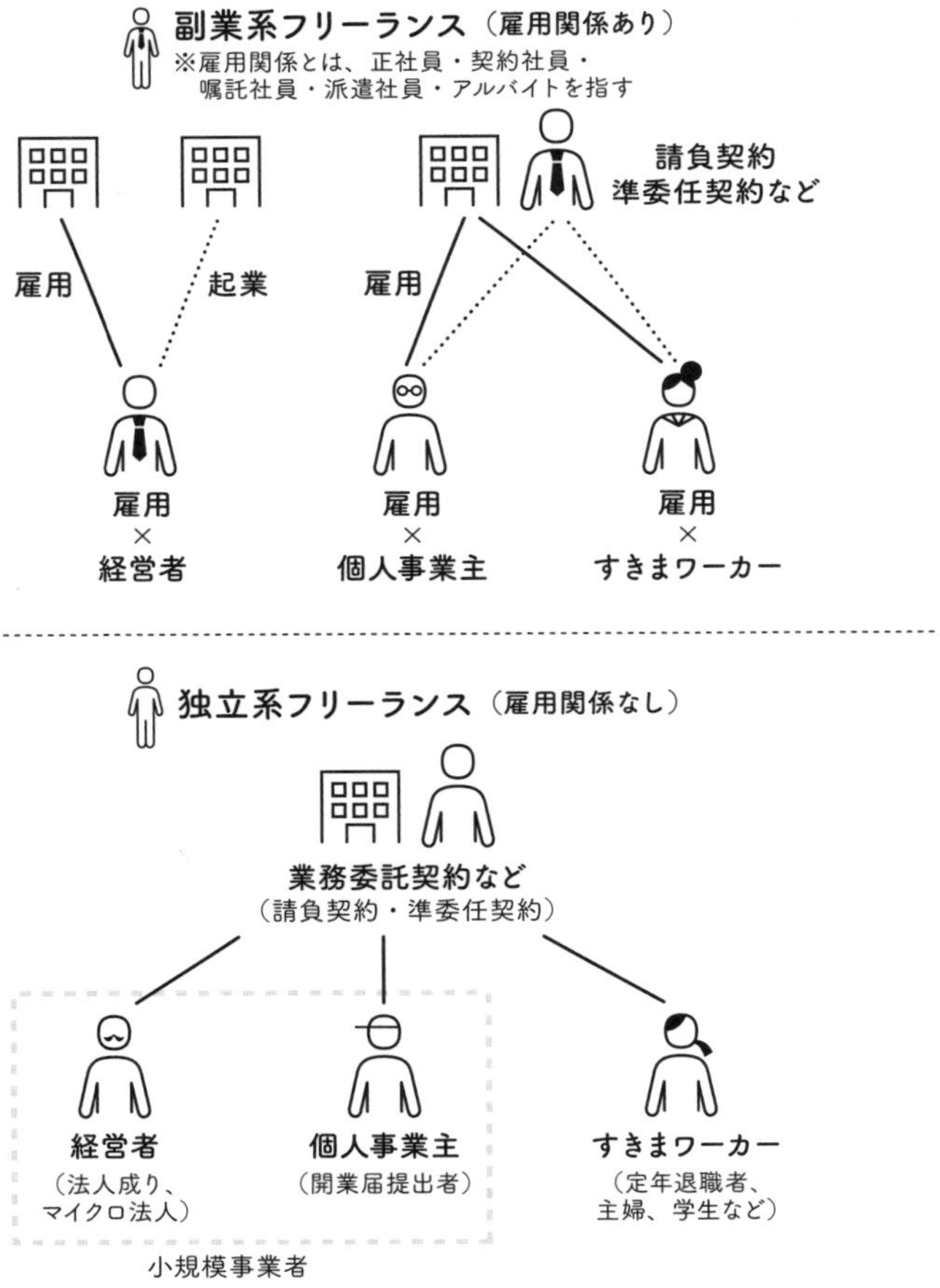

※一般社団法人プロフェッショナル&パラレルキャリア・フリーランス協会「独立・副業の手引き」より。 https://www.freelance-jp.org/start_freelance

興味や関心のある分野での活動をサポートし、従業員のモチベーションと満足度の向上をはかることもできますし、副業を通じて従業員が新たなアイデアや知識を獲得して企業内にもち帰ることで、イノベーションや創造性の促進につなげたりする効果が期待できるからです。

自分らしく働くためのヒント33

フリーランスや副業という選択肢も知る

大前提として、インターネットとデジタルテクノロジーの進歩により、場所に依存しないリモートワークやオンラインプラットフォームの利用が可能になったことも大きな要素ですね。これにより、地理的な制約を超えて仕事を受注できる環境が整い、フリーランスの活動が促進されてきました。

年齢も職種も！多様化するフリーランスの「今」を知っておくと得

「でも、フリーランスって若い人の働き方ですよね？」
「クリエイターやエンジニアさんじゃないとフリーランスにはなれませんよね？」

よくいただく質問です。でも、そんなことはありません！年齢も職種も、今はびっくりするくらい多様化しています。

たとえば、私が理事をしている一般社団法人プロフェッショナル&パラレルキャリア・フリーランス協会では、毎年「フリーランス白書」というフリーランスの実態調

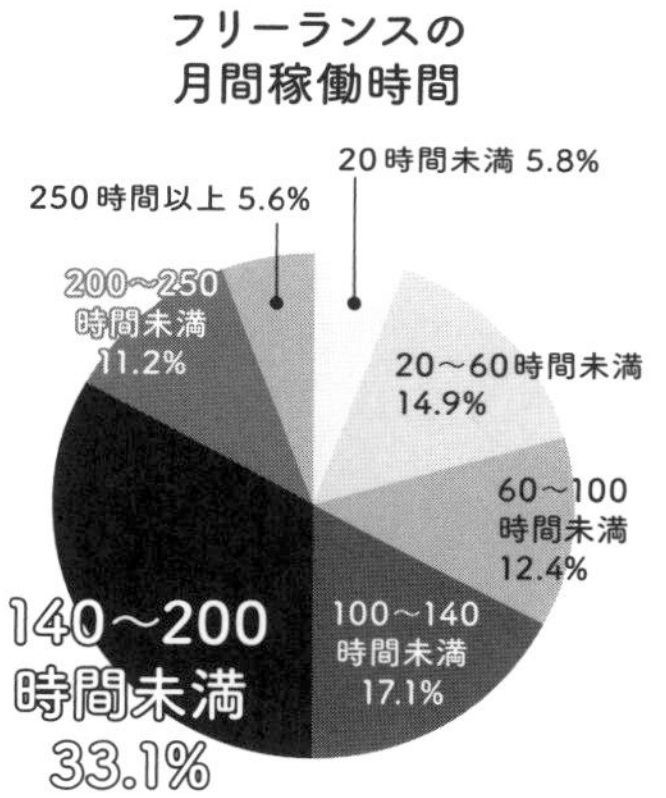

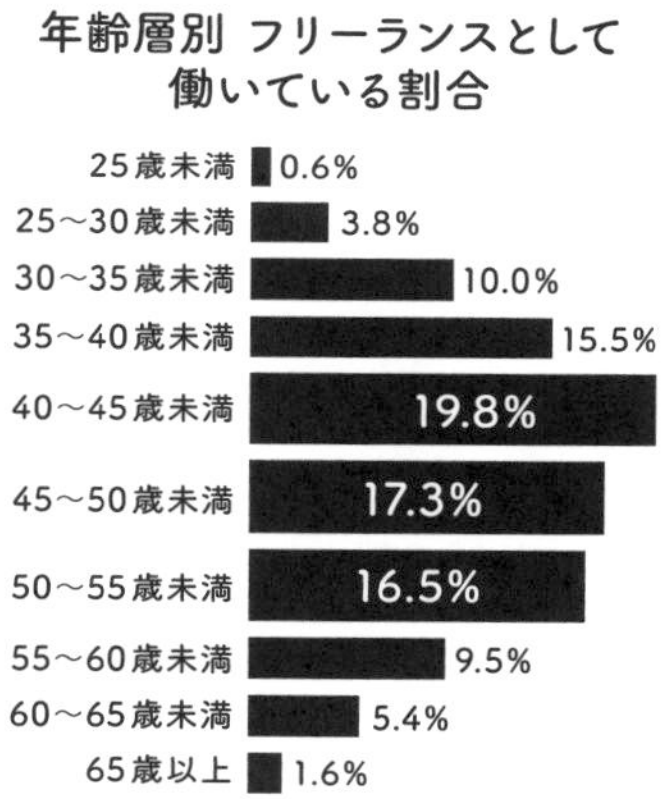

※一般社団法人プロフェッショナル&パラレルキャリア・フリーランス協会
「フリーランス白書 2023」より。

査を行っています。

最新の「フリーランス白書２０２３」の回答者プロフィールを見てみると、30歳前後から60歳前後まで幅広くフリーランスとして回答している人が見られます（上図）。

月間の稼働時間も20時間未満のすきま時間で仕事をしている人から、一般の会社員並の月間１４０時間以上で働いている人まで幅広く存在します。置かれた環境や生活スタイルによってさまざまな働き方が可能なのも、フリーランスの特徴のひとつです（上図）。

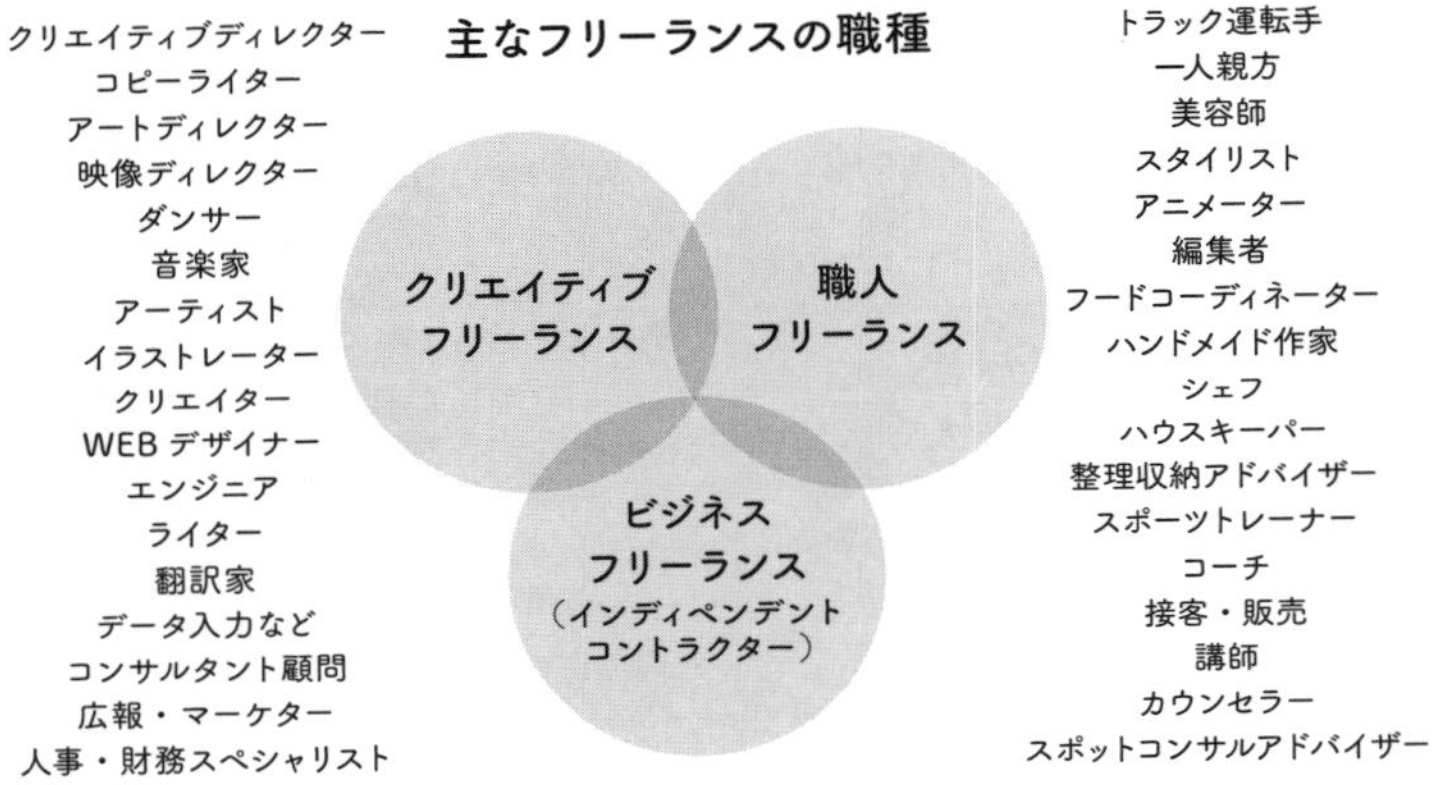

※一般社団法人プロフェッショナル&パラレルキャリア・フリーランス協会
「独立・副業の手引き」より。https://www.freelance-jp.org/start_freelance

また、協会では主なフリーランスの職種を上のような図表にまとめています。

「あれ？ こんな職種もフリーランスでできるんだ？」と驚かれた人もいるかもしれません。一般的にはフリーランスといえば、図の左上のクリエイティブフリーランスのイメージが強いようです。エンジニアやデザイナー、ライター、フォトグラファー、アートディレクターなどですね。

最近では下と右の部分のビジネスフリーランスや職人フリーランスが増えています。

下部分のビジネスフリーランスは営業や広報、マーケティング、人事、経理などビジネス職種を指します。右部分の職人フリーランスはシェフやハウスキーパー、ハンドメイド作家などです。

社員だけではなく、フリーランスという選択肢を知っておくことで、自分らしい働き方実現へのヒントになります。

自分らしく働くための
ヒント 34

フリーランスの道も切り開くと可能性アップ！

フリーランスに必要な4つのスキルを知ろう

自分らしい働き方を考えるときに、多様な働き方の選択肢があること、会社員（雇用）だけではなく、フリーランスのような「雇われない働き方」も知っておいたほうがよいことをお伝えしてきました。

「それで、フリーランスになるためには何が必要ですか？」

これもよくいただくご質問です。私は大きく**4つのスキルが必要**だと感じています。ひとつずつ説明していきますね。

① 売りになる専門性やスキル

フリーランスとは、個人として自分の知識やスキルを提供して対価を得る働き方です。このため**「売りになる専門性やスキルがあること」が大前提**です。という話をすると、「資格がないとダメですか？」と聞かれることもありますが、必ずしも「資格」ありきでなくても大丈夫です。たとえば「営業経験がある」「経理経験がある」、こうした会社員などで経験してきたことでもかまいませんし、「料理をつくるのが好き」「手芸が得意」といったことでもかまいません。いずれにしても**発注者が「お金を払ってでも頼みたい」と思うくらいの専門性やスキルをもっていることが目安**です。あなたは何屋さんでしょうか？ P.178に多様化するフリーランスの一覧を載せているので、ご自分のどんなスキルや経験が売り物になりそうか考えてみてください。

② セルフマネジメントスキル

フリーランスと会社員の最大の違いのひとつが、上司のような「管理・監督してくれる人」がいないことです。依頼主である顧客はいますが、あくまであなたがもっている専門性やスキルに対して発注をしているだけであって、仕事を進めるときに、スケジュールを管理したりゴールまで励ましたりしてくれるわけではありません。このため、**フリーランスは顧客と合意したゴール（成果）へ向かってうまく物事が進むように自分で自分を管理する必要があります。**

③　やり遂げる力

②と重なる部分でもあるのですが、**フリーランスは顧客が期待する成果を挙げることに対してお金をもらう働き方なので、成果を着実に出すことが求められます。**仮に成果を出すのが難しいことがあれば、その壁となっているものを取り除いたり、関係各所へ調整をしたりしながらやり遂げる必要があります。

これには精神面の管理も含みます。私の友人のベテランフリーランスが、「フリーランスに向く人」について「自分で自分の心に火をつけられる人」という表現をしていましたが、まさにその通りですね。

④ コミュニケーション力

フリーランスは、特定の企業や団体に専従しない独立した存在として仕事をするので、「一匹狼」のようなイメージをもっている人も少なくないのではないでしょうか。でも、**実はフリーランスこそ、周囲の人と上手に協力し合うコミュニケーション力が必要です。**売れっ子フリーランスの方は、顧客の要望をくみとる傾聴力と、その内容をもとに自身のもっているスキルで何ができるかを上手に伝える提案力が素晴らしいのです。

また、長く活躍するフリーランスのなかには、必要に応じて他のフリーランスと協力し合うことで顧客の要望に応えている人もいます。

自分らしく働くための
ヒント 35

専門性・自律性・完遂力・交流力を鍛えよう

フリーランスになるために会社員時代にやっておきたい6つのこと

では、フリーランスという働き方も想定したときに、会社員時代にどんなことを経験しておくといいのでしょう？

これまで私がかかわってきた調査結果では、9割以上のフリーランスが会社員として働いた経験があります。最近では会社員をしながらフリーランスをする人も増えていますから、ぜひ今後のご自身の働き方を考えるときの参考にしてみてください。

① これが得意！と思える専門性やスキルを見つける

まずは**売りになる専門性やスキルを見つけて磨くこと**です。「強みの明確化」と言ってもいいでしょう。フリーランスはもっている専門性やスキルに対して「この人に仕事を頼みたい」と発注が来るものなので、専門性やスキルを磨くことが重要です。

営業、マーケティング、人事、経理、エンジニア、会社員として培ったスキルを土台にフリーランスとして活動し始める人もいれば、「料理が好き」「イラストを描くのが得意」といった特技を軸にする人もいます。

また、どんな領域であっても、**企画立案や開発設計など仕事全体の初期にあたる上流の工程を担当できるスキルをもっていたほうが報酬が高い傾向にあります。**フリーランスへの発注にあたって、企画などの上流業務から、施策の実行までをまとめて依頼したい場合も多いものです。このため、日々の仕事経験を積むときに上流工程から実行部分まで一連の流れを意識的に経験しておけるとよりいいですね。

② 人材としての「希少性」を意識する

スキルはかけ合わせるほど、希少性が増します。強みになるスキルは、「営業×英語」「人事×広報」「マーケティング×データ分析」など、複数のスキルを会社員時代に習得することで、より「かけがえのない人材」になり、そのことがフリーランスとしての仕事獲得につながりやすくなります。「どういう経験・スキルを獲得すればより希少性が増すか？」——そんな観点から仕事を捉えてみてもいいかもしれません。

③ 市場ニーズに敏感になる

どんなスキルをもっていても、希少性があっても、「市場で求められているもの」と合っていなければ、仕事には結びつきません。**「市場では今、どんなスキルが求められているのか？」「企業が評価するのはどんな経験なのか？」「どういったスキルや経験が仕事に結びつくのか？」——こうした情報に敏感になることも大切**です。

人材紹介会社やフリーランスの仕事のマッチングサービスのWEBサイトを見ると、その会社やサービスで紹介しているさまざまな仕事情報が載っています。こうした仲介サービスが取り扱う仕事には、企業や市場のニーズが反映されますから、ぜひ情報収集の場として活用してみてください。

「今はこういうスキルや経験が求められているんだな」と実情を踏まえたうえで、スキル・経験の獲得を考えてみるといいでしょう。

④ マネジメント経験を積む

フリーランスであっても、**マネジメント業務の有無が仕事の発注や単価を左右する場合があります。**システム開発の現場では企画から設計、開発、テスト、運用といった一連の工程をマネジメントするプロジェクトマネージャー（ＰＭ）は報酬が高めの傾向にありますし、営業・広報・マーケティング・人事などのビジネス系職種においても、プロジェクト自体を主導する役割を担当できたり、人材育成なども行えたりしたほうが高収入を実現しやすいものです。

会社員としての転職においても「年齢と経験のバランス」は常に意識しておきたい点です。30代、40代と年齢を重ねるにつれて「マネジメント経験」はどうしても求められるものですから、意識して身につけておきたいですね。

⑤「プロジェクト型の仕事」を経験する

P.182でフリーランスの働き方の特徴として、顧客と合意した成果（ゴール）に対して報酬が支払われることをお伝えしました。

たとえば成果とは「ホームページの作成」「営業資料の作成」といったことかもしれないですし、「半年間で新規事業を開発する」「半年間で広報チームの立ち上げをする」といったことかもしれません。いずれにしても「どういう成果が出せるか？」が大事で、それに対して報酬が発生するということですね。

こうした働き方を想定すると、**会社員時代から一定の期間で特定の目的を達成するために仲間と協力しながら働く「プロジェクト型の仕事」を経験しておきたい**ものです。「新規事業の立ち上げ」「新製品（新サービス）の開発」「イベント企画・開催」「システム開発（システム導入）」「組織風土の改革」などがわかりやすい「プロジェクト型の仕事」の一例です。今の仕事がそうでなかったとしても、今後このような仕事も経験できるように、上司や周囲に話をしたり、異動や兼務の機会があれば手を挙げてみたりするのもいいですね。

⑥ 仕事を通じて「信頼資産」を蓄積する

フリーランスは「人脈（知人の紹介含む）」経由で仕事を獲得する場合が多く、私がかかわった調査では、その割合が7割以上にもなる場合もありました。副業にしろ、独立して活動するにしろ、**フリーランスとして仕事を獲得するためには、豊かな人的ネットワークをもっておくことがカギ**になります。会社員時代に社内外の勉強会やイベントを通じて人とのつながりをゆるやかに築いておくことも重要ですが、何よりも目の前の仕事を通じて、「○○さんの仕事ぶりなら安心できる」という「信頼資産」を蓄積していくこともぜひ意識してみましょう。

自分らしく働くためのヒント 36

未来の自分を意識して今の仕事で経験値を上げる

会社にいながら「自分らしく働く」方法を知っておく

「自分らしく働く」方法として、フリーランスのような手段もあることをご紹介してきました。もちろん、フリーランスだけが自分らしく働く手段とは限りません。P.168でご紹介したように、正社員、契約社員、嘱託社員、派遣社員、パート・アルバイトなどさまざまな働き方がありますし、ご自身の置かれた環境や人生の段階において必要な働き方のなかから自分で選んで、あるいは組み合わせて「自分らしい働き方」をつくっていくことが大切です。

では、会社員として会社に所属しながら「自分らしく働く」にはどうしていったらいいのでしょう？　特に会社員の場合、「自分らしさ」は一歩間違えると単なる「わがまま」ととられてしまう場合もありますから気をつけたいところです。組織のなかで「自分らしさ」を発揮するための3つのポイントをお伝えしていきましょう。

① 周囲&会社を知る

最初に大切にしたいのは組織のなかで自分を取り巻く周囲の人たち、そして会社自体を「知る」ことです。なぜなら、自分が働く組織がどんなところで、何を大切にしているのか知らずに「自分らしさ」を発揮するのは難しいからです。

たとえば、あなたの職場にはどんな人がいて、その人たちはどんな役割で何の仕事をしているのでしょうか？　何に興味があって、どんな動機で働いているのでしょうか？　会社についても同様です。理念やビジョン、ミッションなど会社によって表現は異なりますが、人が一人ひとり違うように、会社にも会社が存在するうえでの目的・使命が各社にあります。また各社で設定している「中期経営計画」など中長期の計画を見ると会社が目指す方向をより具体的に知ることができます。

こうして周囲や会社が「目指していること」「あなたに期待していること」を理解したうえで、「自分がありたい姿」や「実現したいこと」を思い描くと周囲の理解も得られやすいですね。

②「自分のこと」を周りと共有する

みなさんは「自己開示」という言葉を聞いたことはありますか？ 心理学用語のひとつで、文字通り「自分自身に関する情報をありのまま言葉で伝えること」を指します。

「自己開示」は、組織のなかで自分らしく働くうえで非常に重要です。「興味があること」「経験してみたいこと」があるなら、黙っていては周囲に伝わりません。面談やちょっとした雑談、ランチタイムの何気ない会話を通じて積極的に言葉にして伝えていきましょう。「そういうことなら、社内で話が出ている新規事業の開発プロジェクトに手を挙げてみたら？」など具体的なチャンスを引き寄せることにつながります。

③責任を果たして信頼につなげる

自分らしく働くための
ヒント 37

会社にいてもできることはちゃんとある!

会社員として働く以上、会社から期待される役割が一人ひとりに必ずあります。それを理解して責任をもって「やりきる」ことが周囲との信頼関係につながります。周囲から信頼されるようになると社内で意見を通しやすくなりますし、「○○さんの言うことなら実現させてあげよう」と自然と周囲が力を貸してくれます。

「自分らしさ」は自分だけで発揮するのは難しいもので、周囲の理解や協力があって初めて、自分らしさ、私らしさが実現していきます。

「自分に期待されている役割がよくわからない」。そんなときは率直に「私に期待されていることって何ですか?」「私が貢献できることにはどんなことがありますか?」と、こんなふうに上司や周囲にたずねてみてください。

自分にぴったりの「越境体験」を見つけて小さく始める

「自分が何をしたいのかわからない」「今の仕事を続けていいのか不安」――こんなモヤモヤした気持ちを抱える人に私がおすすめしているのが、**自分が置かれている環境とは違う環境に身を置く「越境体験」**です。

私自身、20代後半で経験した「越境体験」によって自分の強みを知ることができ、のちの起業にもつながる人とのつながりにもなったことはＣｈａｐｔｅｒ１でご紹介しました。

法政大学大学院教授の石山恒貴さんは「『自分がホームと考える場所』と『自分がア

ウェーと感じる場所』とのあいだを行き来し、ホームとは異なる知・考え方を獲得していく学びのあり方」を、「越境的学習」と表現されています。※ここではこうした「越境体験」の見つけ方と始め方をお伝えします。

① 副業を始めてみる

みなさんがお勤めの会社でも、ここ数年で「副業解禁になった」ケースがかなりあるのではないでしょうか？ 政府が「働き方改革」の一環で推進していることや、コロナ禍でリモートワークが浸透したことによって、働く時間・場所の自由度が上がったことなどもあり、副業に踏み出す人が増えています。

でも、「どうやって自分に合った副業を見つけたらいいか？」と悩む人も多くいらっしゃいますよね。**副業探しには大きく「本業を活かす」方法と、「好きなことや趣味を活かす」方法があります。**

前者は、本業で人事や経理の仕事をしている人が、同じような仕事をフリーランスとして請け負うような場合、後者は、本業とは関係ないアクセサリーづくりや占いな

※ 石山 恒貴・パーソル総合研究所著『会社人生を後悔しない 40 代からの仕事術』（ダイヤモンド社）より。

どの自分の趣味や特技を活かす場合です。

フリーランスの仕事のマッチングサービスやクラウドソーシングサービス、スキルシェアサービスなど、さまざまなサービスが今はありますから、まずはそうしたサービスを検索してサイトを見てみることから始めてみてもいいでしょう。

参考までに私が理事をしている一般社団法人プロフェッショナル&パラレルキャリア・フリーランス協会では「フリーランス・副業人材サービス 職種別カオスマップ」を作成しています。※「人事」「経理」「エンジニア」など、大まかな職種ごとにその職種に合ったフリーランスや副業の仕事紹介サービスの一覧です。これはあくまで一部で、こちらに載っていないサービスも世の中には数多く存在します。

また、先述の通り、フリーランスの仕事獲得経路は知人の紹介を含む人脈経由が7割以上と最も多いので、副業に興味があることを友人や仕事仲間に伝えてみるのも効果的です。

※ 一般社団法人プロフェッショナル&パラレルキャリア・フリーランス協会「フリーランス・副業人材サービス 職種別カオスマップ」。 https://www.freelance-jp.org/start_freelance

② プロボノ（ボランティア）を始めてみる

「でも、今の会社は副業NGで……」。はい、そういう会社もまだまだ多いですよね。

その場合は私が体験したように**プロボノ（ボランティア）として報酬は得ない形で活動するのもひとつの方法**です。

非営利団体はどこも人手に困っているところが多いですし、ボランティアが活動の中心を担っている団体は珍しくありません。ぜひ自分の興味・関心に応じて、支援したい団体を見つけてみてください。

私のように子どもの支援に関心がある人もいると思いますし、教育や環境保全、動物愛護など、興味・関心をもって取り組めそうなテーマを考えてみましょう。周囲でプロボノ活動をしている人がいたら、話を聞いてみるのもおすすめです。

③ 興味のある学びを掘り下げる

私の知人でも、30代や40代から大学院に通う人が増えています。人生100年時代、20歳頃から70歳頃まで約50年にわたって働き続けることを考えると、せっかく習得した知識やスキルも手入れをしなければどんどん時代遅れになっていってしまいます。だからこそ、越境して「アウェー」と思われる環境で学んでみるのもおすすめです。**大学院やビジネススクール、興味のある資格取得なども新たな知識が習得できるうえ、人的ネットワークの拡大にもつながります。**Chapter4でご紹介したように、手軽に学べるオンラインの学びの場も広がっているのでぜひ活用したいですね。

私自身、会社員時代にキャリアカウンセラーの資格を取得したことが、その後の起業にもつながっていきました。資格取得のための学びの場で企業の人事や大学のキャリアセンターの方々とも多く知り合い、会社とはまったく違う人間関係から新たな気づきが得られることもたくさんありました。

④ 新規事業や会社横断的なプロジェクトへ手を挙げる

「越境体験」は、社外での活動に限った話ではありません。**社内にいても「越境体験」はできます。**今いる部署のいつものメンバーとは異なる経験ができる機会を、自分から探していきましょう。新規事業の開発や、社内横断的なプロジェクトがこれにあたります。ぜひ自分から積極的に手を挙げて、「アウェー」な環境に挑戦してみてください！ いつもと同じ環境に身を置いているとそこから得られる体験が限定的なものになってしまい、それがともすると「停滞感」「不安感」へとつながっていきます。

同じ環境で同じことを続けていたら「停滞」を感じるのはごく自然なことなので、それをいかに打破していくか、自分から積極的に行動することで、成長できる状態をつくっていきたいですね。

自分らしく働くためのヒント38

越境体験で停滞感を打破する

「やりきった感」を大事に「いい辞めどき」を見極める

自分らしい働き方をつくっていくなかで、「会社を辞める」選択をする人もいることでしょう。では、「いい辞めどき」とはいつでしょうか？　みなさんは考えたことはありますか？

「今の会社を辞めようかどうか迷っている」人に私が必ずおたずねしているのが、**「今の会社で『やりきった感』はありますか？」**という質問です。

「十分な経験をした」「可能な限りスキルを習得できた」など、自分のなかで「やりきった実感」があるのでしたら、そろそろ会社の「辞めどき」かもしれません。

辞めるときに心がけていただきたいのが「いい形で辞める」ことです。「円満退社」という言葉もありますね。**転職や副業、フリーランスなどの流動的な働き方が広がってくると、なおのこと、「いい形で辞める」重要性が高まります。**

なぜなら、その会社との関係性がその後の自分自身の働き方に影響を及ぼす可能性があるからです。

たとえば、フリーランスの仕事獲得の7割以上は知人の紹介を含む人脈経由ですし、「最も収入が得られる仕事の獲得経路」を見ても「人脈」や「過去・現在の取引先」との回答が多くを占めます。

私自身も会社を辞めてフリーランスになったときに、会社員として勤めていた会社から「退職後はフリーランスとして業務委託契約で仕事をしないか？」と声をかけてもらい、とてもありがたかったです。

仲間と会社を創業してからも前職の同僚がお客様を紹介してくださったり、私の前職はメディアだったので、メディアとして事業を取材してくれたりといった付き合いはずっと続いています。

辞めることで会社との関係性が終わるわけではなく、その後も会社員であるか、フリーランスであるかにかかわらず、関係性が続く場合がありますし、むしろそうした人間関係が自分らしい生き方・働き方を支える力にもなります。

もちろん「日常的なハラスメント行為がある」「心身の体調を崩すほど長時間労働である」といった場合はこの限りではありませんから、すぐに辞めて心身の健康を第一に自分らしく働ける場所を探してください。

「今の会社で『やりきった感』があるかどうか、わからない」「なんとも言えない」という人は、Ｃｈａｐｔｅｒ３で紹介している方法を通じて、これまでの自分の人生を振り返り、自分のありたい姿や価値観を確認することから始めてみましょう。

情報収集の一環で転職サイトやフリーランス向けのマッチングサービス、クラウドソーシングサービスなどを眺めてみるのもおすすめです。そこに掲載されているような仕事を自分がやりたいのかどうか、考えてみてください。そのときに「まだ今の会社でやれること、やりたいことがあるな」と思えるなら、今はまだ「辞めどき」ではないかもしれないですね。

「辞めようかどうか迷う」のは、現状に何らかの閉塞感をもっているとも考えられるので、P.194で紹介したような「越境体験」で今の環境を一歩出てみることもぜひ試してほしい方法です。

自分らしく働くためのヒント 39

「やりきった感」が次の一歩へつながる

Chapter 5

自分らしくあるために働き方を選択する時代に

まとめ

☑ 正社員・派遣社員・フリーランスなど、自分らしい働き方に合う形態を選ぼう

☑ フリーランスの職種の多様化は知っておくと得

☑ フリーランスになる前に会社員としてやるべき6つのことがある

☑ 会社にいながら自分らしく働く方法もある

☑ 会社のいい辞めどきは「やりきった感」があるかどうかで判断を

描いて手放して自分らしい働き方をつくっていこう

さて、一冊を通じて「自分らしく働くため」の考え方や行動のヒントをつづってきました。ここまで読んでくださって本当にありがとうございます。

「ライフラインチャートをやってみようかな」
「自分ができそうな『越境体験』を探してみようかな」

ご紹介したヒントを、少しでもみなさんの日々の生活で取り入れていただければ、これほどうれしいことはありません。私は今回の執筆を通じて、改めてこの10年20年での働き方の変化を強く実感しました。特にコロナ禍の影響は大きく、一度立ち止まって今後の生き方・働き方に思いを馳せた人も多かったのではないでしょうか。

ただ、コロナ禍だけでなく、日々の仕事を通じても、**「本当に働き方が多様化している！」と感じることが多いですし、選択肢が増えるのは基本的にはとてもよいことだ**と考えています。**選択肢があれば、その分選ぶことができる**からです。

また重要なのは、今は**「こうでなくてはならない」という固定した働き方が少しずつなくなってきている**ことです。働き方が「なだらかになってきている」「境目があいまいになってきている」と言ったらいいでしょうか。

人生100年時代を考えると、当然働く期間が長くなりますが、「働かない」期間をもつ人も増えていくのではないかと思います。私が会社員からフリーランスになったときは「もう二度とココ(会社員)には戻れない」と決死の覚悟で辞めたところがあるのですが、今はそんなことはまったくありません。さまざまな事情から5年10年の離職期間をもつ方が再就職したりもしています。**ひとつの選択を続ける必要がなくなってきている**のです。

さらに、私はキャリアコンサルタントの勉強するなかで、**将来の自分の生き方・働き方を自分でつくるだけでなく、偶然に流されてもいいし、そういう「たまたまの出会いや物事によって決まっていく部分も大いにある」**と知ることができたことでとても勇気づけられました。すべてを自分でつくる必要はないし、ときには流されてもいい。未来を描いたり手放したりしながら、自分らしい働き方をつくっていけるのがいちばんですから。

最後に、「自分らしい働き方についての本をつくりませんか」と声をかけてくださった編集の長田和歌子さん、日々一緒に活動しているWaris、そしてフリーランス協会のみなさん、それぞれのサービスをお使いのみなさん、いつもありがとうございます。みなさんとの出会いがあって本書が書けました。すべてに感謝して本書を終えます。

2023年10月吉日　株式会社Waris共同代表 田中美和

田中美和（たなか みわ）
株式会社 Waris《ワリス》共同代表／一般社団法人プロフェッショナル＆パラレルキャリア・フリーランス協会 理事／国家資格キャリアコンサルタント
慶應義塾大学法学部政治学科卒業後、日経BPで編集記者として働く女性向け情報誌「日経ウーマン」を担当。取材・調査を通じて接した働く女性の声はのべ３万人以上。女性が生き生き働き続けるためのサポートを行うべく独立し、2013年、多様な生き方・働き方を実現する人材サービス企業Warisを創業し共同代表に（現在、ベネッセグループ入り）。フリーランス女性と企業との仕事のマッチングやリスキリングによる女性の就労支援に取り組む。最近では女性役員紹介事業を通じて意思決定層の多様性推進にも尽力。X（旧Twitter）@Miwa_Tanaka57

Live《リブ》 My《マイ》 Life《ライフ》
自分《じぶん》らしく働《はたら》くための 39のヒント

2023年10月26日 初版発行

著者／田中《たなか》 美和《みわ》

発行者／山下 直久

発行／株式会社KADOKAWA
〒102-8177 東京都千代田区富士見2-13-3
電話 0570-002-301（ナビダイヤル）

印刷所／大日本印刷株式会社

製本所／大日本印刷株式会社

ISBN 978-4-04-606565-0 C0095